# DUFTKERZEN

# DUFTKERZEN

## Dein Workshop für individuelle Lieblingsstücke

**Niko Dafkos & Paul Firmin**

Fotografie und Styling von Anna Batchelor und Tamineh Dhondy

*„Tausende von Kerzen können mit einer einzigen Kerze angezündet werden, ohne dass sich ihre Lebensdauer verkürzt. Das Glück nimmt nie ab, wenn man es teilt."*

– aus *Die Lehre Buddhas* von der Bukkyō Dendō Kyōkai

ISBN 978-3-517-09928-6

1. Auflage

Copyright für die deutsche Ausgabe: © 2020 by Südwest Verlag, einem Unternehmen der Verlagsgruppe Random House GmbH, Neumarkter Straße 28, 81673 München

Das Buch ist eine Übersetzung aus dem Englischen.

Titel der Originalausgabe: The Scented Candle Workshop. Creating perfect home fragrance, from wax to wick
First published in Great Britain in 2019 by Kyle Books, an imprint of Kyle Cathie Limited, part of Octopus Publishing Group Ltd Carmelite House, 50 Victoria Embankment London EC4Y 0DZ

Text copyright © Niko Dafkos and Paul Firmin 2019
Design & layout copyright © Kyle Cathie Ltd 2019
All rights reserved.
Niko Dafkos and Paul Firmin asserts the moral right to be identified as the author of this work.

Alle Rechte vorbehalten. Vollständige oder auszugsweise Reproduktion, gleich welcher Form (Fotokopie, Mikrofilm, elektronische Datenverarbeitung oder durch andere Verfahren), Vervielfältigung, Weitergabe von Vervielfältigungen nur mit schriftlicher Genehmigung des Verlags.

Sollte diese Publikation Links auf Webseiten Dritter enthalten, so übernehmen wir für deren Inhalte keine Haftung, da wir uns diese nicht zu eigen machen, sondern lediglich auf deren Stand zum Zeitpunkt der Erstveröffentlichung verweisen.

**Hinweis:** Das vorliegende Buch ist sorgfältig erarbeitet worden. Dennoch erfolgen alle Angaben ohne Gewähr. Weder Autoren noch Verlag können für eventuelle Nachteile oder Schäden, die aus den im Buch gegebenen Hinweisen resultieren, eine Haftung übernehmen.

Projektleitung: Nina Sahm
Übersetzung: Antje Seidel, Köln
Redaktion und Satz: trans texas publishing services, Köln
Umschlaggestaltung für die deutschsprachige Ausgabe: Veruschkamia, München, www.veruschkamia.de

Printed in China

www.suedwest-verlag.de

# INHALT

Einleitung 6

Duft und Erinnerung 14

Materialien 30

Einen Duft entwickeln 56

Die Workshops 70

Sicherheit beim Umgang mit Kerzen 136

Bezugsquellen 138

Glossar 140

# DAS SIND WIR

Im Jahr 2014 machten wir uns auf unseren kreativen Weg. Nachdem wir einige Jahre zusammen in London gelebt und gearbeitet hatten, reifte in uns der Wunsch, gemeinsam etwas Praktisches zu machen, anstatt tagein, tagaus unserer Arbeit in der Werbebranche nachzugehen. Wir fanden unsere Jobs zwar interessant und aufregend, freuten uns aber am allermeisten auf die Wochenenden. Dann durchstöberten wir die vielen Märkte und unzähligen wunderbaren Vintage- und Interior-Läden in London auf der Suche nach originellen Fundstücken. Uns wurde klar, dass es eine ganz andere, praktische Welt der Kreativität gab, zu der wir bislang überhaupt keinen Zugang hatten.

Als wir eines Tages mit einem Händler auf dem Netil Market im Londoner East End sprachen, kamen wir auf die Idee, dort einen eigenen Stand anzumelden. Nachdem wir mit dem Marktleiter die Konditionen besprochen hatten, bewarben wir uns unter dem Namen „Earl of East London". Dies war die Bezeichnung eines Tumblr-Blogs, den Paul sich ausgedacht hatte, um mit Kollegen aus einem früheren Job in Kontakt zu bleiben. Eigentlich hatten Pauls Kollegen ihm diesen Namen gegeben, weil er ständig versucht hatte, das gesamte Büro davon zu überzeugen, nach East London umzuziehen.

Zurück zu unserer Bewerbung für den Marktstand. Wir waren überglücklich, als wir die Erlaubnis erhielten, sechs Wochen später einen Probestand zu errichten. Wir überlegten, welche Waren wir anbieten würden und experimentierten mit der Aufstellung der Tische. Dabei entdeckten wir, welch große Rolle Düfte für uns spielen. Es mag seltsam klingen, denn obwohl wir zusammenlebten, ständig Kerzen und Räucherstäbchen benutzten und natürlich Parfüm kauften, hatten wir noch nie darüber gesprochen, was Düfte eigentlich für uns bedeuten. Das war der Moment, in dem wir beschlossen, dass wir uns auf Kerzen (und ganz allgemein auf Duft), Kakteen und Kuriositäten spezialisieren wollten, also auf all das, was wir lieben. Wir kauften Waren unabhängiger Marken und Einzelstücke, um zumindest Dinge anzuschaffen, die uns gefielen, sollte der Stand nicht gut laufen.

Der erste Markttag kam. Obwohl wir den Standaufbau mehrmals in unserer Küche geprobt hatten und alles reibungslos ablief, fühlten wir uns auf dem Markt nicht gut organisiert. Der Stand kam zwar gut an, doch wirklich Vertrauen fassten wir erst, als unser erster Kunde und jetziger Freund, Adam Reed, uns die Hälfte unserer Ware abkaufte. Also machten wir weiter.

Unser Stand wurde bald zum festen Bestandteil unseres Lebens. Am wichtigsten daran war uns, dass er uns eine Art Kreativität ermöglichte, nach der wir uns schon lange gesehnt hatten. Die Auswahl der Duft-Waren an unserem Stand war großartig, und wir wussten, dass wir eine Nische gefunden hatten. Doch nach einigen Monaten spürten wir, dass noch etwas fehlte. Inmitten der vielen begabten Handwerker sehnten wir uns danach, unser eigenes Ding zu machen und damit unsere eigene Marke unter dem Namen *Earl of East London* zu entwickeln. Nachdem wir den Markt bereits buchstäblich getestet hatten, wussten wir, dass Raumdüfte sehr gut von der Kundschaft angenommen werden. Uns war also klar, dass unsere Marke mit Duft zu tun haben würde.

Also begannen wir, das Herstellen von Duftkerzen zu erlernen. Wir recherchierten, kauften uns ein Basis-Set und fingen an, in unserer Küche zu experimentieren. So wurde die Küche ziemlich schnell zu einem Versuchslabor.

Gleichzeitig beschlossen wir, einen kleinen Schiffscontainer auf dem Netil Market zu übernehmen und umzubauen. Schließlich hatte hier alles begonnen und wir fanden, dass dies der perfekte Wochenendladen sein würde, in dem wir unsere Waren verkaufen und unsere Marke etablieren konnten. Da der Termin für die Eröffnung nahte, mussten wir uns mit der Entwicklung unserer eigenen Linie sputen. Im Mai 2015 hatten wir drei beliebte Düfte kreiert, das perfekte Gefäß für die Kerzen gefunden, und mit einem Grafikdesign-Studenten an unserem Logo und an der Gestaltung gearbeitet. Im Juli 2015 fiel dann der Startschuss.

Wir wussten nicht wirklich, was uns erwartete. Es gab keinen Businessplan, wir wollten einfach nur etwas tun, das uns Spaß machte und waren gespannt, wohin es uns führen würde. Wir haben uns in die kreative Arbeit verliebt und nach einiger Zeit ganz unterschiedliche Aufträge bekommen. Wir entwickelten zum Beispiel einen Duft für die Hochzeit eines Freundes oder auch einen individuellen Duft für eine hiesige unabhängige Marke. Die Kerzen liefen in unserem eigenen kleinen Geschäft sehr gut und wir erhielten immer mehr Anfragen von Großhändlern. Alles ging sehr schnell und am Ende des ersten Jahres hatten wir 25 Händler als Kunden.

Wenn wir auf dieser Reise etwas gelernt haben, dann sicherlich, einfach anzufangen! In jedem ruhigen Moment sprachen wir über unsere Marke, und unsere Abende verbrachten wir damit, Kerzen in unserer provisorischen Werkstatt zu Hause zu gießen. An den Wochenenden lieferten wir Bestellungen aus und verkauften unsere Waren auf dem Markt oder bei anderen Veranstaltungen in der ganzen Stadt. Wir genossen jeden Augenblick.

# ÜBER UNSERE WORKSHOPS

*Wir vermitteln Ihnen die Fähigkeit und das nötige Selbstvertrauen, um einzigartige Düfte zu entwickeln.*

Anfang 2016 beschlossen wir, das Wissen um unser Handwerk mit anderen zu teilen. Inzwischen hatte sich unser ganzes Haus in eine Werkstatt verwandelt und wir beschlossen, unser erstes Atelier einzurichten, in dem wir nicht nur unsere eigenen Kerzen herstellen, sondern auch jedes Wochenende Workshops zur Kerzenherstellung durchführen konnten. Wir wussten nicht, ob es klappen würde, aber unsere Kurse wurden gut angenommen. Schon bald bemerkten wir, dass viele Menschen den Wunsch hatten, sich mit praktischer Arbeit kreativ zu verwirklichen. So konnten wir mit unseren Kursen andere inspirieren, ihren eigenen kreativen Weg zu gehen. Die Kurse wurden schnell zu unserer liebsten Wochenendbeschäftigung, weil wir hier Gleichgesinnte treffen und ihnen helfen konnten, ein neues Handwerk zu erlernen.

Inzwischen haben wir über ganz Europa verteilt Kurse gegeben. Viele unserer Teilnehmer wurden zu Freunden und waren bei jeder Einführung eines neuen Dufts und bei jeder Geschäftseröffnung dabei. Und das führte uns zu diesem Buch. Wir wollen das Wissen um unser Handwerk mit Ihnen teilen, sodass auch Sie Ihre eigenen Duftkerzen entwickeln können und Ihren ganz persönlichen Stil finden.

In diesem Buch erfahren Sie alles, um selbst Duftkerzen herstellen zu können – eine Arbeit, die nahezu therapeutisch ist. Sie lernen, das Tempo zu drosseln, Geduld zu haben und alle notwendigen Schritte zu befolgen, damit die Kerzen genau die richtige Zusammenstellung haben, um angenehm zu duften, sauber abzubrennen und schön auszusehen.

Neben den praktischen Anleitungen vermitteln wir Ihnen die Fähigkeit und das nötige Selbstvertrauen, einzigartige Düfte zu entwickeln sowie Ihre Erinnerungen und Erfahrungen festzuhalten. Hier lernen Sie, wie Sie ganz persönliche Gegenstände für sich selbst, Ihr Zuhause und Ihre Lieben erschaffen.

In unseren Workshops zeigen wir Ihnen, wie man Kerzen für die verschiedensten Anlässe herstellt und geben Ihnen hilfreiche Insidertipps. Ob als Duft für eine bestimmte Jahreszeit oder für einen besonderen Anlass wie eine Hochzeit – mit diesem Buch haben Sie alle Werkzeuge in der Hand, um vielschichtige Düfte und wunderschöne Kerzen zu gestalten.

EINLEITUNG

# DUFT
UND
ERINNERUNG

# EINE KURZE EINFÜHRUNG IN DIE GESCHICHTE DER DÜFTE UND DUFTKERZEN

Wir sind alles andere als Historiker oder Wissenschaftler, sondern ausschließlich Autodidakten. Für unsere Reise zur eigenen Duftlinie wollten wir aber bestens gewappnet sein und begannen, die geschichtlichen und wissenschaftlichen Hintergründe von Duft zu studieren. Dadurch sahen wir alles in einem größeren Zusammenhang und wir verstanden, warum Gerüche für uns Menschen so wichtig sind. Je tiefer wir in die Welt des Duftes eintauchten, desto interessanter wurde sie für uns – doch lest selbst.

Duft war schon immer eng verbunden mit Religion, Reinigung und spirituellen Ritualen. Bereits um 3000 v. Chr. verwendeten die ägyptischen Priester aromatische Harze bei ihren Zeremonien. Man glaubte, dass die Anwesenden dadurch mit höheren Mächten verbunden seien. Die Alten Ägypter waren auch dafür bekannt, dass sie als Erste Fackeln aus Schilfrohr sowie mit tierischem Fett getränkte Stäbe bei religiösen Feiern einsetzten. Diese ähnelten den heutigen Kerzen und können als frühe Variante einer Kegelkerze bezeichnet werden. Duft und Kerzenlicht wurden aber im Alten Ägypten nicht nur bei religiösen Zeremonien, sondern auch im Alltag verwendet. Vor allem Duft entwickelte sich zum Zeichen von Status, Schönheit und Gesundheit – der Gesundheitsaspekt bildet dabei den Grundstein für die heutige Aromatherapie. [1]

Auch in anderen antiken Kulturen, wie bei den Römern, den Griechen oder den Chinesen, spielte Duft bei religiösen Zeremonien eine große Rolle. Die Menschen waren davon überzeugt, dass Düfte direkt von den Göttern kamen. Wie bei den Alten Ägyptern glaubte man daran, dass man durch Düfte mit höheren Mächten verbunden sein konnte. Die Griechen erforschten und entwickelten Düfte weiter und fanden heraus, dass man sie als Öl, das aus Pflanzen gepresst wurde, auf die Haut auftragen konnte. Sie gehörten auch zu den Ersten, die Gerüche mit Hygiene und Medizin in Verbindung brachten. Die Römer hingegen erfanden eine Art Kegelkerze, indem sie Papyrus als Docht benutzten, den sie in geschmolzenem Wachs tränkten [2]. Damals wurde Talg, also das Fett von Kühen und Schafen, Bienenwachs oder Wachs von anderen Insekten und Bäumen als Kerzenwachs verwendet. In asiatischen Ländern entstanden ganz ähnliche Kerzen aus Insekten-, Nuss- oder Pflanzenwachs mit Reispapier-Dochten. Darüber hinaus stellten die Chinesen Kerzen aus Walfett her, während man in Indien die Früchte des Zimtbaums kochte, um daraus

*Duft war schon immer eng verbunden mit Religion, Reinigung und spirituellen Ritualen.*

Wachs zu erzeugen. [2.1] Dies sind wahrscheinlich die ersten überlieferten Zeugnisse der Herstellung von natürlich duftenden Kerzen.

Durch verschiedene historische Ereignisse und Entwicklungen veränderte sich die Welt im Lauf der Jahrhunderte. Mit der Öffnung der Seidenstraße bekam die westliche Welt mit einem Mal Zugang zu Gewürzen und Weihrauch aus dem Fernen und Nahen Osten. Ebenso gelangten neue Tier- und Pflanzenarten vom afrikanischen Kontinent nach Europa – ganz zu schweigen von neuen Techniken, welche die Welt der Düfte für immer verändern sollte. [3]

Diese Neuerungen hatten großen Einfluss auf das Römische Reich, in dem Düfte bald zu einem festen Bestandteil des täglichen Lebens wurden. Die Römer haben sogar das Wort dafür erfunden: *per fumum* bedeutet „durch Rauch". [4] Im Gegensatz zu heute basierte das antike Parfüm auf Gummis, Harzen und Ölen und war in der Regel fest. [5]

In den islamischen Kulturen der arabischen Welt spielte im Alltag und bei religiösen Zeremonien Duft ebenfalls eine zentrale Rolle. Neue Destillationstechniken und der Einsatz neuer Rohstoffe trugen zu einer Weiterentwicklung der Düfte bei.

Durch die geografische Lage und den erfolgreichen Handel mit China und dem gesamten ostasiatischen Raum wurden dort neben heimischen auch exotische Pflanzen und Materialien eingesetzt und gleichzeitig die Kunst der Destillation verbessert. [6] [7]

Im Mittelalter brachten die Kreuzritter Rohstoffe, Düfte und Geheimnisse der Parfümherstellung aus dem Nahen und Fernen Osten mit und die Europäer entdeckten die heilenden Eigenschaften von Duft und Aromatherapie wieder. Ärzte benutzten plötzlich Mittel, um sich während der Behandlungen zu schützen, und jeder, der es sich leisten konnte, trug eine Kugel aus duftenden Substanzen mit sich, um Infektionen fernzuhalten. Man glaubte, dass Krankheiten durch die Luft übertragen wurden. Um diese Zeit wurde erstmalig Parfüm auf Alkoholbasis hergestellt. Letztendlich waren es die Ungarn, die das erste moderne Parfüm auf den Markt brachten, das als „Ungarisches Wasser" bekannt war. Diese Tinktur wurde im 14. Jahrhundert für die Königin von Ungarn entwickelt und bestand aus duftendem Öl, das mit Alkohol vermischt war.

Der eigentliche Durchbruch in der Parfümproduktion gelang in der Renaissance, als die Italiener entdeckten, wie man Aqua Mirabilis herstellt, eine klare Substanz, die zu 95 Prozent aus Alkohol besteht und von einem starken Geruch durchzogen ist. Dieses duftende Wasser führte dazu, dass flüssige Parfüms die bislang festen Parfüms ersetzten. Die Erfindung machte Italien und insbesondere Venedig für die kommenden Jahrhunderte zum Weltzentrum des Parfümhandels. [8]

In dieser Zeit verbreiteten sich Kerzen aus Talg und später Bienenwachs wieder in ganz Europa. Kerzenzieher, wie die Kerzenhersteller genannt wurden, gingen von Tür zu Tür und verkauften Talgkegel. Kerzen aus Bienenwachs wurden nur in der Kirche und von wohlhabenden Menschen verwendet. Im 15. Jahrhundert wurden in Frankreich Formen zum Gießen der Kerzen eingeführt, sodass ihrer Vielfalt nichts mehr im Weg stand. [9]

Im 16. Jahrhundert erfreute sich Parfüm auch in den Königshäusern immer größerer Beliebtheit. Zeitgleich siedelte die italienische Katharina von Medici mit ihrem persönlichen Parfümeur ins französische Grasse über. Sie trug Parfüm auf ihre Handschuhe und ihren Körper auf und begründete dadurch ein neues Kulturphänomen. Die Stellung Frankreichs in der Welt der Parfüms wurde weiter gestärkt, als Ludwig XIV. regierte. Seine Angst vor Wasser und seine Besessenheit von Düften veranlassten ihn, täglich neue Parfüms in Auftrag zu geben, sodass die Parfümmacher in Frankreich immer mehr Düfte erforschten und vermischten. Dadurch blieb Grasse an der Spitze der Parfümproduktion. [10] Jenseits des Ozeans widmeten sich die Amerikaner in der Kolonialzeit der Erforschung der Kerzenherstellung, indem sie die Beeren von Brombeersträuchern einkochten und das entstandene Wachs zu Kerzen gossen, womit die ersten Duftkerzen in der Neuen Welt entstanden.

Im 19. Jahrhundert entdeckten Chemiker Moleküle, die die Parfümindustrie revolutionieren sollten. Synthetische Verbindungen ermöglichten es Parfümeuren, Düfte zu kreieren, die bislang nur mit schwer erhältlichen und schwierig zu handhabenden Inhaltsstoffen hergestellt werden konnten. So wurde Parfüm auch für die Massen erschwinglich. Diese bahnbrechenden Entwicklungen verhalfen den britischen Parfümherstellern des Viktorianischen Zeitalters zu einer Vormachtstellung in der Parfümproduktion.

Chemiker und Pioniere entdeckten nach und nach neue Wege der Kerzenherstellung, indem sie auf dem Wissen früherer Generationen aufbauten. Dabei erfuhr das verwendete Wachs die größte Veränderung. Bis dahin war Talg das gängigste und preiswerteste Material, weil es beim Anzünden jedoch einen üblen Geruch verströmte, wurde es in den europäischen Großstädten verboten. So suchte man nach Alternativen. Während des 18. Jahrhunderts wurde anstelle von Talg oder Bienenwachs Walwachs verwendet. Als man kurz darauf in Großbritannien die erste Maschine zur Herstellung von Kerzen erfand, wurden diese endlich für jedermann erschwinglich. Paraffin kam als preiswerte Alternative zu Wachs [11] auf den Markt und geflochtene, vollständig abbrennende Baumwolldochte wurden eingeführt. Kerzen und Ölbrenner waren zu dieser Zeit die Hauptlichtquelle.

*Die Wirkung von Duft ist unumstritten. Darum wollten wir unbedingt mehr darüber erfahren, als wir unser Geschäft aufnahmen.*

Während Parfüm und Duft schnell zu Lifestyle- und Luxusprodukten avancierten, ging im 20. Jahrhundert [12] die Produktion von Kerzen zurück. Die Erfindung der Glühbirne und alternative Möglichkeiten zur Beleuchtung führten dazu, dass die Nachfrage nach Kerzen drastisch sank. Dies ist wahrscheinlich der Hauptgrund dafür, warum die Entwicklung von Duftkerzen nicht weiter voranschritt. Die Parfümerie erblühte zwar, doch Kerzen verschwanden fast vollständig von der Bildfläche. Darum suchten Kerzenhersteller und die gesamte Branche nach einer neuen Möglichkeit, ihre Produkte zu vermarkten. Sie begannen, Kerzen in verschiedenen Größen, Formen und Farben herzustellen und sie als Deko anstatt Lichtquelle zu vermarkten. Diese Taktik ging auf und 1950 begannen die Menschen wieder Kerzen für ihre Häuser zu kaufen. Der Aufschwung motivierte die Hersteller, neue Materialien wie zum Beispiel Sojawachs zu erforschen, weiter in die Forschung zu investieren und schließlich Düfte hinzuzufügen.

Geschichtlich betrachtet spielten Düfte stets eine große Rolle bei religiösen und spirituellen Riten, die auch heute noch angewendet werden. Allerdings hat sich heutzutage die Bedeutung von Duft vor allem in die Welt der Schönheitsprodukte und Körperpflege verlagert und stellt für viele Menschen ein Luxusgut dar. Kerzen hingegen, insbesondere duftende, haben eine weniger eindrucksvolle Veränderung hinter sich. Denn sie wurden als Lichtquelle benötigt, Duft spielte keine große Rolle und war vielmehr ein Nebenprodukt beim Abbrennen. Talgkerzen rochen sehr unangenehm, Zimt- und Brombeerkerzen dagegen sehr süß. Mittlerweile werden verschiedene Düfte nicht nur als Parfüm direkt auf der Haut verwendet, sondern mittels Duftkerzen auch in der Umgebung, sodass sie heutzutage ebenfalls einen Hauch von Luxus verströmen.

Die Wirkung von Duft ist unumstritten. Darum wollten wir unbedingt mehr darüber erfahren, als wir unser Geschäft aufnahmen. Manche Marken pflegen ein gewisses Maß an Exklusivität, was ihre Produkte für normale Menschen unerschwinglich macht. Wir hingegen möchten jeden auf eine Reise in die Welt der Düfte mitnehmen. Duftkerzen sollen ein erschwinglicher Luxus sein, und die Herstellung kann man sich wöchentlich in unserem Studio, in ganz Europa und sogar auf der ganzen Welt in Workshops aneignen. Obwohl sowohl Düfte als auch Kerzen so eine große Bedeutung in der Zivilisation hatten, wurden sie erst vor relativ kurzer Zeit zu einem Produkt zusammengeführt. Wir nahmen das zum Anlass darüber nachzudenken, was das Besondere unserer Geschäftsidee und unserer Marke ist. Es ist ein traditionelles Handwerk, das sowohl in unsere heutige moderne Gesellschaft als auch in die Zukunft passt – und natürlich Freude macht.

# DIE THEORIE

*Wenn wir einen neuen Duft entwickeln, versuchen wir, eine Erinnerung, einen Ort oder ein Gefühl festzuhalten.*

## WIE WIRKT DUFT?

Dieser interessanten Frage möchten wir uns nicht auf wissenschaftlicher Ebene nähern, sondern einfach als wissbegierige Menschen, die mehr über die Welt des Duftes erfahren möchten. Wie also funktioniert Duft und warum hat er so einen großen Einfluss auf uns? Uns fasziniert die Verbindung zwischen Duft und Erinnerung. Warum sind manche Düfte so sinnlich? Immer wenn wir einen neuen Duft entwickeln, versuchen wir, eine Erinnerung, einen Ort oder ein Gefühl festzuhalten – so erhält er eine sehr persönliche Geschichte.

Um verstehen zu können, wie und warum Duft und Erinnerung so eng miteinander verbunden sind, muss man zunächst die Funktionsweise von Duft verstehen. Bevor wir unser Wissen darüber aus Büchern bezogen haben, unterhielten wir uns mit Kunden und Freunden über den Prozess des Riechens. Wir wollten mehr darüber erfahren, wie wir unsere Nasen im Alltag benutzen. Sie können jetzt mit Ihrer eigenen Forschung beginnen. Denken Sie nach: Wann haben Sie Ihr Riechorgan zuletzt bewusst eingesetzt – heute oder in der vergangenen Woche? War es, als Sie eine halb leere Milchpackung aus dem Kühlschrank nahmen oder war es vor ein paar Tagen, als Sie rochen, wie Ihr Essen auf dem Herd anbrannte, während Sie gemütlich im Sessel saßen? Nehmen Sie sich kurz Zeit darüber nachzudenken, in welchem Zusammenhang Sie Ihren Geruchssinn zuletzt bewusst benutzten.

Unsere Nasen sind wunderbare, kraftvolle Werkzeuge, trotzdem achten wir nicht allzu sehr auf unseren Geruchssinn – besonders im Vergleich zu anderen Sinnen wie Sehen, Hören oder Schmecken. Wir sind schnell dabei, über einen Film zu diskutieren oder eine Mahlzeit zu analysieren, die wir vor ein paar Tagen gegessen haben. Doch wenn es um Düfte geht, fehlen uns oft die Worte.

Wir neigen dazu, mit unserem Geruchssinn rasch ein Urteil zu fällen – wir mögen etwas oder nicht – und schon ist der Geruch aus dem Sinn. Das liegt zum einen daran, dass wir ihm kaum Aufmerksamkeit schenken, zum anderen aber auch, dass sich die Parfümindustrie mit einem exklusiven Fachwissen umgibt, zu dem wir keinen Zugang haben. Fehlt einem das nötige Wissen und der richtige Wortschatz zu einem Thema, sagt man oft lieber nichts und lässt weitere Gedanken darüber gar nicht erst aufkommen. Wenn man jedoch die Bedeutung von Düften in der Menschheitsgeschichte kennt, so wie wir sie auf den vorigen Seiten beschrieben haben, wird er für uns greifbar und verständlich. Das zeigt sich am deutlichsten, wenn wir einen Blick in die Tierwelt werfen. Sehr viele Tiere brauchen ihren Geruchssinn zum Überleben. Er hilft ihnen bei der Entscheidung, in welche Richtung sie gehen sollen oder was essbar ist und was nicht. [12.1]

Doch beginnen wir von vorn. Der Geruch ist der älteste und gleichzeitig der elementarste aller Sinne. Wenn wir auf die Welt kommen, setzt als Erstes der Geruchssinn ein, noch vor dem Sehen oder Hören. Es gibt zwei Möglichkeiten, Gerüche wahrzunehmen – erstens durch die Nase, genauer gesagt, durch das Einatmen von Molekülen durch die Nasenlöcher, und zweitens durch den Mund in Kombination mit den Geschmacksnerven. Wir nutzen also den Geschmackssinn in Verbindung mit dem Geruchssinn. Sicherlich haben Sie selbst schon einmal erlebt, dass man Essen nicht oder nur kaum schmeckt, wenn man aufgrund einer Erkältung eine verstopfte Nase hat. Denn 75 bis 95 Prozent des Geschmacks wird durch die Nase aufgenommen, also durch den Geruchssinn bestimmt. [13]

Riechen ist ein komplexer neurologischer Vorgang im menschlichen Körper. Beim Riechvorgang sind unterschiedliche Bereiche des Körpers betroffen, wie Gehirn, Riechkolben, Nasengang, Siebbein, Riechepithel sowie die Nase mit allem, was dazugehört. Da wir kein wissenschaftliches Buch verfassen, ersparen wir Ihnen detaillierte Erläuterungen und erklären so viel, dass Sie die Grundlagen und das nötige Know-how haben, um Ihre eigenen Kerzendüfte zu entwickeln.

Wenn man zum Beispiel eine Blume, Gebäck oder das Frühstück riecht, nimmt die Nase beim Einatmen Geruchsmoleküle auf. Diese Moleküle wandern durch die Nasenlöcher, werden gefiltert und befeuchtet und gelangen zu den Riechzellen. Wir Menschen haben etwa 6 Millionen Riechzellen, die im oberen Teil der Nasenhöhle liegen. Zum Vergleich: Hunde haben etwa 220 Millionen Geruchsrezeptoren. Auch ist das Areal ihres Gehirns, das für den Geruchssinn zuständig ist, proportional gesehen 40-mal größer als das eines Menschen. Aber zurück zur menschlichen Nase und ihren Millionen von Riechzellen. Die Zellen sind mit vielen dünnen, von Schleim umhüllten Riechhärchen ausgestattet, die auf Geruchsmoleküle reagieren. Die Moleküle lösen sich im Schleim auf und docken an einen Geruchsrezeptor an, der einen elektrischen Impuls ans Gehirn schickt. Die Rezeptoren reagieren auf unterschiedliche Geruchsmoleküle, deshalb hat jeder Mensch ein anderes Riecherlebnis. Die Zellen erneuern sich durchschnittlich einmal im Monat. [14, 15]

Wir haben einmal eine sehr vereinfachte Darstellung zur Funktion des Riechvorgangs gelesen, die wir gern an unsere Workshop-Teilnehmer weitergeben: Wenn man sich die

Geruchsmoleküle als Schlüssel vorstellt, die durchs Universum fliegen, und die Geruchsrezeptoren im oberen Teil der Nase als Schlüssellöcher, kann jeder Schlüssel in jedes Schlüsselloch fliegen. Allerdings gibt es nur eine begrenzte Anzahl an Kombinationen, bei denen der Schlüssel das Schloss auch entriegelt. Nach dieser Logik können wir auch verschiedene ähnliche Dinge wie Zitronen, Limetten und Orangen genau klassifizieren, anstatt sie nur generell als Zitrusfrucht zu erkennen.

Dies war eine kurze Beschreibung der Funktionsweise unserer Nasen und eine Erklärung, warum Geruch für uns so wichtig ist. Doch warum ist Geruch so eng mit dem Gedächtnis verbunden? Das wollen wir im Folgenden erklären.

*Riechen ist ein komplexer neurologischer Vorgang im menschlichen Körper.*

## DAS LIMBISCHE SYSTEM

Jetzt wissen wir, wie der Riechvorgang vonstattengeht und wie Gerüche ihren Weg in unser Gehirn finden. Jetzt beschreiben wir den Weg des Geruchs im Gehirn.

Zuvor haben wir schon angemerkt, dass wir unsere Nasen nicht allzu oft bewusst einsetzen. Ebenso, dass unser Geruchssinn sehr stark ist – aber was bedeutet das konkret?

Wenn wir die Reise der Moleküle fortsetzen, die mithilfe der Geruchszellen eine Reaktion im Gehirn ausgelöst haben, gelangen wir ins limbische System – und hier beginnt es, interessant zu werden. Das limbische System ist der Teil des Gehirns, in dem Stimmungen, Verhalten und Emotionen maßgeblich verarbeitet werden. Es ist der Teil, der alle Erinnerungen speichert, und interessanterweise auch derjenige, der für die Dekodierung von Geruchsinformationen zuständig ist. [16, 16.1]

Mit dem Wissen, dass Geruch in dem Teil des Gehirns verarbeitet wird, der auch Emotionen steuert und Erinnerungen speichert, wird nachvollziehbar, dass unsere Nase ein extrem wertvolles Werkzeug ist. Insofern ist auch die Bedeutung von Geruch in spiritueller Hinsicht verständlich.

Es ist also wissenschaftlich belegt, warum Gerüche so stark mit der Erinnerung verknüpft sind. Haben wir alle nicht schon einmal erlebt, dass wir beispielsweise eine Straße entlanggingen oder an einem Bahnhof auf den nächsten Zug warteten und plötzlich kam eine Person an uns vorbei, die uns allein aufgrund ihres Duftes an jemanden erinnerte? Oder wir haben einen unbekannten Raum betreten und durch den vorherrschenden Geruch fühlten wir uns entweder sofort wohl, willkommen und vertraut oder wir wollten einfach schnellstmöglich wieder hinaus. Doch was bedeutet das für Sie und Ihre Kerzen und was hat das mit Ihren individuellen Kerzendüften zu tun?

---

*Das limbische System ist der Teil des Gehirns, in dem Stimmungen, Verhalten und Emotionen maßgeblich verarbeitet werden.*

---

## DIE BEDEUTUNG VON DÜFTEN

Mit dem Wissen darüber, wie Gerüche vom Gehirn entschlüsselt werden, können Sie nun entscheiden, wie Sie sie einsetzen möchten. Denkbar wäre zum Beispiel ein Duft zur Aromatherapie, also zur Entspannung, zum Energie tanken oder zum Beleben. Oder Sie kreieren Düfte als emotionale Auslöser, die Sie an angenehme Orte zurückversetzen oder an freudige Gelegenheiten erinnern.

Weil wir selbst Autodidakten sind, können wir Ihnen mit einfachen und verständlichen Worten die Funktionsweise des Geruchs erklären. Wir sind der Meinung, dass das Vertrauen in den eigenen Geruchssinn durch die Parfümindustrie stark beeinflusst wurde, da uns das Gefühl vermittelt wurde, wir könnten nicht richtig riechen. Aber wenn man einmal versucht in einfache Worte zu fassen, was man riecht – sei es mithilfe von Farben, Erinnerungen, Emotionen – ist man oft überrascht, wie viele unterschiedliche Gerüche man wahrnehmen kann.

Aus unserer Sicht spricht nichts dagegen, wenn man einen unkomplizierten Vanille- oder Grapefruit-Duft kreieren möchte. Aber das Entwickeln von einem individuellen Duft macht bei Duftkerzen besonders viel Freude. Wenn man verschiedene Duftnoten übereinanderlegt, entsteht etwas von großer Tiefe und man kann eine ganz persönliche Geschichte erzählen.

Für unsere Linie haben wir uns auf den Erinnerungsteil, oder genauer gesagt, auf das Erschaffen von Düften fokussiert, die durch unsere Reisen und Lieblingsorte inspiriert wurden. Wir erzählen mithilfe des Dufts eine Geschichte – sei es eine Erinnerung an den Garten der Großeltern, ein Duft, der auf London, unsere Heimatstadt, zurückgeht oder Düfte, die an die japanische Badekultur erinnern.

Wenn es darum geht, eine Geschichte zu erzählen, kann der Duft entweder ganz konkret sein, wie die Blumen im Garten meiner Großeltern, oder abstrakt, etwa Leder oder Tabakblätter, die mich an einen georgischen Salon denken lassen.

Bei unserer Duftlinie *Greenhouse* war unser Ansatz sehr konkret. *Greenhouse* ist durch Griechenland inspiriert, genauer gesagt, Nikos Kindheitserinnerungen an seine Großmutter, die in ihrem Dorf für ihre Tomaten berühmt war. Hier haben wir eine Duftmischung herausgearbeitet, die genau das widergibt. Es ist eine Kombination von Strauchtomaten, Zitronenschale, Petersiliensamen und Basilikum. Wer das riecht, denkt sofort an Gartenarbeit, manche nehmen besonders die Zitronenschale wahr und fühlen sich in den Sommer versetzt oder sehnen sich danach. Der Duft scheint also eine Wirkung zu haben, nicht nur auf uns, sondern auch auf unsere Kunden.

Ein abstraktes Beispiel ist unser Strand-Duft. Er ist von Skandinavien, insbesondere unserer Lieblingsstadt Kopenhagen, inspiriert. Als wir diesen Duft entwickelten, hatten wir einen eindrucksvollen dänischen Sonnenuntergang und die Ostseebrise im Sinn. Um die Tiefe dieses Duftes zu betonen, haben wir bewusst eine Kerze kreiert, deren erster Geruchseindruck ganz anders ist als ihr Aroma im angezündeten Zustand. Strand ist eine komplexe Mischung in unserer Linie, er besteht aus Mandarinenschale, Seetang, Birkenholz und Lorbeerblatt. Am schönsten ist es für uns, wenn Menschen sagen, es erinnere sie an ihr Zuhause, und das Zuhause stellt sich dann als Kopenhagen heraus.

Wenn Sie sich für eine Herangehensweise entschieden haben, besteht der nächste Schritt darin auszuprobieren und sich die große Palette an unterschiedlichen Duftölen vorzunehmen.

DUFT UND ERINNERUNG

# MATERIALIEN

# VERSCHIEDENE AROMEN

Im Hinblick auf die Materialien und insbesondere Öle kann man sehr viel lesen und noch mehr darüber hören, was angeblich gut oder schlecht ist. Doch letztendlich sollte man auf sich selbst hören und sein persönliches Ziel nicht aus den Augen verlieren. Die endgültige Auswahl der Zutaten und Materialien hängt von Ihren eigenen Vorstellungen ab. Wir besprechen dies auf den Seiten 58–61 und stellen Ihnen eine Anleitung zur Duftkreation vor.

Es gibt verschiedene Arten von Ölen, man kann sie grob in natürliche und synthetische einteilen. Diese Kategorisierung beschreibt jedoch nur, wie sie entstanden sind und woraus sie bestehen, sie sagt aber nichts über die Qualität aus. Wir schlüsseln das später für Sie auf, werden Ihnen aber auch dabei nicht vorgeben, was man am besten verwenden sollte, sondern nur die grundlegenden Unterschiede erläutern.

## ÄTHERISCHE ÖLE

Diese Öle werden aus Blüten, Wurzeln, Zweigen, Schalen, Samen und Rinden von Pflanzen, Bäumen oder Gräsern gewonnen. Um das ätherische Öl zu gewinnen, benötigt man einige Geräte, denn die Öle müssen destilliert oder aus den zuvor beschriebenen Materialien gepresst werden. Alternativ kann man die Pflanzen mit Chemikalien behandeln.

Die gebräuchlichste Methode zur Gewinnung ätherischer Öle ist die Wasserdampfdestillation. Die Pflanzen werden in einem Kolben über kochendes Wasser gehalten und der aufsteigende Dampf treibt das ätherische Öl aus der Pflanze in ein gekühltes Rohr, wo das Öl-Wasser-Gemisch kondensiert. Das Öl wird in einem Auffangbehälter vom Wasser getrennt und man erhält die Essenz oder das ätherische Öl aus dem Rohstoff.

Da die ätherischen Öle direkt aus der Natur stammen, hängt ihre Qualität letztendlich von der Qualität der Pflanze oder des Pflanzenteils ab. Auch die Umweltbedingungen wie etwa Boden und Wetter, die verwendeten Gerätschaften sowie das eigene Können bei der Weiterverarbeitung spielen eine große Rolle.

MATERIALIEN

Natürliche Öle sind zwar sehr hochwertig, doch es ist schwierig, immer wieder den gleichen Duft zu produzieren. Bei der Herstellung gibt es Schwankungen, bedingt durch die Jahreszeit, die Region, den Zulieferer und schließlich die jeweilige Charge. Wenn man einen Duft nur einmal benötigt, ist das nicht weiter problematisch, aber wenn Sie vorhaben, Kerzen zu verkaufen oder für bestimmte Anlässe wie etwa Hochzeiten zu entwickeln, braucht man Beständigkeit.

Häufig herrscht die Auffassung, dass ätherische Öle natürlicherweise die besten sind. Im Bereich der Aromatherapie ist das vielleicht eine logische Schlussfolgerung, doch es lohnt sich auch, den Umweltgedanken bei der Herstellung bestimmter ätherischer Öle zu untersuchen. Beispielsweise benötigt man eine riesige Menge an winzigen Blütenblättern, um ätherisches Jasminöl zu extrahieren.

## SYNTHETISCHE DUFTÖLE

Synthetische Öle werden künstlich im Labor hergestellt und haben mit der Zusammensetzung von natürlichen Düften nichts gemeinsam. Da sie aus synthetischen Komponenten bestehen, sind sie erschwinglich und einfach zu beziehen. Die Chemiker arbeiten mit eindeutig festgelegten Bestandteilen, sodass diese Öle den Duft länger tragen als ihre natürlichen Gegenstücke. [17]

Synthetische Düfte sind nicht nur langlebig, sie können auch immer wieder gemischt werden, sodass eine schier endlose Anzahl an Duftprofilen entsteht. Sie halten zwar länger, duften intensiver und es steht eine größere Auswahl zur Verfügung, doch sie sind auf Erdölbasis hergestellt und enthalten Chemikalien wie Weichmacher. Diese Chemikalien können schädlich sein, auch das sollten Sie beim Entwickeln Ihrer Düfte berücksichtigen.

---

*Synthetische Düfte können immer wieder gemischt werden, sodass eine schier endlose Anzahl an Duftprofilen entsteht.*

---

## NATURIDENTISCHE ÖLE

Naturidentische Öle sind, einfach gesagt, eine Mischung aus ätherischen Ölen und synthetischen Duftölen, weil sie dieselbe Struktur wie ätherische Öle mit nur einem einzigen Molekül haben, aber künstlich hergestellt werden. Mit anderen Worten: Chemiker extrahieren die komplexe natürliche Molekularstruktur eines ätherischen Öls und kopieren diese. Der neu entstandene Duft ist damit eine künstliche Nachbildung eines komplexen natürlichen Aromas.

Da sie chemisch mit den in der Natur vorkommenden Ölen identisch sind, enthalten sie keine schädlichen Chemikalien wie Weichmacher. Sie besitzen zwar nicht die Heilwirkung natürlicher ätherischer Öle, haben dafür jedoch dieselben praktischen Eigenschaften wie synthetische Öle.
[18,18.1,19]

Tipp

*Unserer Erfahrung nach kann man nicht sagen, dass sich natürliche ätherische Öle immer am besten verarbeiten lassen. Letztendlich kommt es darauf an, wofür man ein Öl braucht. Wir empfehlen jedoch, möglichst nach naturidentischen oder ätherischen Ölen Ausschau zu halten.*

## WACHSARTEN

Die Wahl des Wachses hängt vom jeweiligen Projekt ab. Im Folgenden schauen wir uns die verschiedenen Arten von Wachs an, dabei sollte man jedoch nicht außer Acht lassen, dass es auch abhängig vom Hersteller eine Vielzahl von Variationen gibt.

Bei der Auswahl des Wachses sollten Sie seine speziellen Eigenschaften und eventuell auch seine Umwelteigenschaften berücksichtigen. Einige lassen sich besonders gut verarbeiten, dafür lassen sich andere besser mit den ausgewählten Düften vermischen. Unsere Auflistung unten orientiert sich chronologisch an der historischen Verwendung der jeweiligen Wachsart, nicht nach ihrer Eignung zur Kerzenherstellung. Wir haben für unsere Linie Sojawachs gewählt, weil es sich – wie zahlreiche Tests gezeigt haben – am besten mit unseren Duftprofilen kombinieren lässt. Wir empfehlen Ihnen, eigene Tests durchzuführen, bevor Sie eine endgültige Entscheidung treffen.

### BIENENWACHS

Dieses traditionellste Wachs ist immer noch sehr gebräuchlich, insbesondere in religiösen Bereichen behauptet es sich auch heute noch. Es überrascht kaum, dass Bienenwachs von Bienen gemacht wird, eine gelb-bräunliche Farbe hat und einen leichten, natürlichen Duft nach Honig. Es ist ein hartes Wachs mit einem hohen Schmelzpunkt, sodass es im Vergleich zu anderen schwer zu verarbeiten ist – später mehr dazu. Zudem lässt es sich aufgrund des Eigengeruchs nicht so gut mit anderen Düften kombinieren. Andererseits gibt Bienenwachs beim Verbrennen negative Ionen ab, die dafür bekannt sind, dass sie die Atemluft reinigen. Bienenwachs kann man in Blöcken, Platten oder Pastillen kaufen.

PARAFFIN

RAPSWACHS

SOJAWACHS

BIENEN-
WACHS

KOKOS-
WACHS

## PARAFFIN

Paraffin kam 1850 auf den Markt und ist auch heute noch das am häufigsten verwendete Wachs. Die weiße, geruchlose Substanz ist ein Nebenprodukt von Erdöl. Man kann Paraffin für alles verwenden, von Kerzen in Gefäßen bis hin zu Stumpen- und Tauchkerzen. Es hat eine konstante Verbrennungstemperatur von 55–68 °C. [20] Paraffin wird insbesondere in der Massenproduktion häufig mit Duftstoffen versetzt. Als Rohstoff für die Kerzenherstellung ist es in massiven Blöcken erhältlich und das preiswerteste Wachs. Es ist einfach zu handhaben und bekommt beim Aushärten eine glatte Oberfläche. Da Paraffin ein Erdöl-Nebenprodukt ist, scheidet es bei der Verbrennung Giftstoffe aus, sodass es nicht unbedingt förderlich für die Gesundheit ist.

## SOJAWACHS

Das ist unser Lieblingswachs. Kerzen gibt es zwar schon sehr lange, doch Sojawachs kam erst Anfang der 1990er-Jahre auf den Markt. Es gibt verschiedene Arten von Sojawachs, die unterschiedliche Schmelzpunkte haben, sodass man beispielsweise für Gefäß-, Stumpen oder Tauchkerzen jeweils ein anderes Wachs nehmen sollte. Die cremefarbene Substanz ist in Form von Granulat, Flocken, Pastillen, Blöcken oder Platten erhältlich. Es hat eine cremige Konsistenz und wird schon beim Reiben zwischen den Fingerspitzen schnell weich. Im Vergleich zu anderen Wachsen hat Sojawachs einen niedrigen Schmelzpunkt von 49 °C, wodurch diese Kerzen länger halten als Kerzen aus Paraffin oder Bienenwachs. Kerzen aus Sojawachs brennen sauber und gleichmäßig ab.

## RAPSWACHS

Rapswachs verhält sich ähnlich wie Sojawachs und teilt dessen Geruchs- und Brenneigenschaften. Der Vorteil von Rapswachs besteht darin, dass es bei uns in Europa hergestellt wird. Es beginnt bei etwa 43 °C zu schmelzen und reagiert daher empfindlich auf Sonnenlicht.

## KOKOSWACHS

Kokoswachs wird aus dem Fleisch der Kokosnuss gewonnen und oft mit härteren Pflanzenwachsen, wie Soja- oder Rapswachs, vermischt, um eine schöne weiße, cremige Wachsmischung mit einem leichten, natürlichen Kokosduft zu erzeugen. Kokoswachs schmilzt bei sehr niedriger Temperatur, deshalb ist es wichtig, der Mischung ein härteres Wachs hinzuzufügen. Aufgrund der niedrigen Brenntemperatur verhält sich Kokoswachs ähnlich wie Sojawachs, das heißt Kerzen aus diesen Wachsen halten länger als Kerzen aus Paraffin oder Bienenwachs.

## WACHSMISCHUNGEN

Neben reinen Wachsen sind bei manchen Herstellern auch gemischte Wachse erhältlich. Man findet sie zunehmend im Heim- und Handwerkerbedarf, doch warum sollte man eine Wachsmischung einem reinen Wachs bevorzugen? Die Gründe dafür liegen in der Brenndauer und der Kostenersparnis. Wenn man pflanzliches Wachs mit Bienenwachs mischt, kann man zum Beispiel den Schmelzpunkt herabsetzen, und wenn man Paraffinwachs zu einem pflanzlichen Wachs hinzufügt, den Schmelzpunkt erhöhen. Die bewusste Veränderung des Weichheitsgrads der Kerze hat also Einfluss auf ihre Brenndauer. [21]

*Bei der Auswahl des Wachses sollten Sie seine speziellen Eigenschaften und eventuell auch seine Umwelteigenschaften berücksichtigen.*

# DOCHTARTEN

Der Docht ist sozusagen der Motor Ihrer Kerze. Wenn er nicht passt, also zu dick oder zu dünn ist, sind Abrennen und Duftverbreitung nicht optimal.

Dochte gibt es in sehr vielen unterschiedlichen Formen und Größen. Abhängig von der Dochtgröße bildet sich eine andere Flamme. Dies sollte man ebenso wie die verwendete Kombination von Öl und Wachs im Hinterkopf behalten, wenn man den Docht für ein Gefäß auswählt. Ist er zu dick, brennt die Flamme zu stark und neigt zu Rußbildung. Ist er zu dünn, brennt die Flamme zu schwach und höhlt die Kerze nach unten hin aus, was ebenfalls negative Auswirkungen auf den Duft hat.

Handelsübliche Dochte bestehen aus geflochtenen Baumwollbündeln. Sie werden in Deutschland in die Typen Flachdocht, Runddocht und Steckdocht unterteilt. Weitere Dochttypen wie Stearindochte oder Gartendochte werden für bestimmte Anwendungen benutzt. Alternativ bieten sich auch Holzdochte an. [22] Im Folgenden beschreiben wir die verschiedenen Typen.

## FLACHDOCHT

Diese Dochte werden für frei stehende Kerzen wie Stumpen und Kegel verwendet. Flachdochte sind biegsam und können in jede Richtung eingelegt werden, das heißt, sie haben keine bestimmte vorgegebene Laufrichtung. Flachdochte sind nicht für Bienenwachs geeignet.

*Der Docht ist der Motor Ihrer Kerze.*

## RUNDDOCHT

Diese Dochte bestehen aus mindestens acht Baumwollbündeln und sind auch für Bienenwachs geeignet. Sie brennen nur in eine Laufrichtung ab, zu erkennen ist die Laufrichtung an der v-förmigen Einflechtung des Dochts: Das V muss nach unten zeigen. Setzt man den Docht falsch ein, erlischt die Flamme schnell.

MATERIALIEN 41

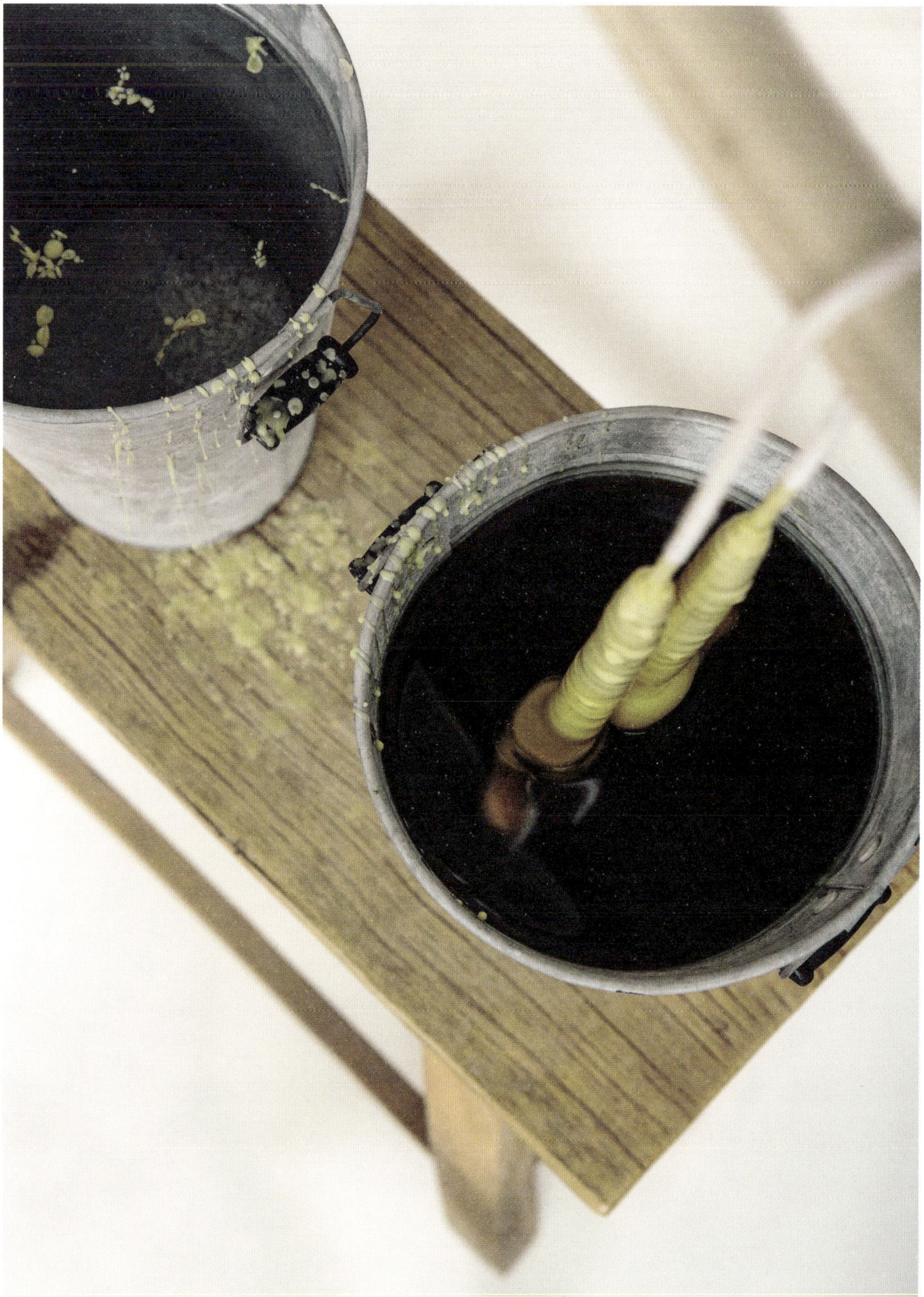

## STECKDOCHT

Diese vorgewachsten Dochttypen sind entweder rund oder flach. Sie werden für Gefäßkerzen verwendet und können einfach in die leicht abgekühlte Wachsmasse gesteckt werden. Sie sind für alle gängigen Wachssorten geeignet.

## HOLZDOCHT

Dies ist eine umweltfreundliche Alternative zu Standarddochten. Holzdochte brennen gut ab und knistern dabei leicht, was zu einer besonders schönen Atmosphäre beiträgt. Zudem verbreitet sich der Kerzenduft genauso gut wie bei den traditionellen Baumwolldochten.

## DER RICHTIGE DOCHT

Die Auswahl des Dochts ist wichtig, damit die Kerze gut abbrennt und nicht zu viel Duft und Öl verschwendet werden. Um herauszufinden, welcher der richtige Docht ist, kann man einen einfachen Test durchführen.

Doch vorher möchten wir noch das Wichtigste über Dochte erklären. Jeder hat sicherlich schon einmal eine Kerze gesehen, die beim Abbrennen raucht. Meistens liegt das daran, dass bei der Handhabung der Kerze ein Fehler gemacht wurde. Bei selbst gemachten Kerzen ist der Grund dagegen meistens, dass der Docht nicht die richtige Länge hat. Man kann leicht Abhilfe schaffen, indem man die Kerze löscht, abkühlen und aushärten lässt und den Docht vor dem nächsten Anzünden kürzer schneidet, besonders, wenn sich eine Dochtblüte gebildet hat. Dadurch verhindert man nicht nur das Rauchen und Flackern, man hat auch länger etwas von der Kerze.

Ein Dochttest ist eine einfache Möglichkeit, um den passenden Docht für das Wachs-Öl-Verhältnis und den Durchmesser des Gefäßes zu ermitteln. Dochthersteller geben Ihnen zwar meistens Informationen darüber, welcher Docht für welchen Kerzendurchmesser geeignet ist, wir empfehlen aber dennoch einen Selbsttest.

### Tipp

*Bei Ihrem ersten Test sollten Sie nur Wachs (keinen Duft) verwenden. Danach ist es wichtig, mit jedem entwickelten Duft einen Dochttest durchzuführen, da die jeweilige Mischung das Brennverhalten beeinflusst.*

## Tipp

*Sobald Sie wissen, welchen Docht Sie verwenden wollen, führen Sie denselben Test in den Behältern durch, die Sie ausgewählt haben. Bereiten Sie dafür das Gefäß vor (siehe Seite 75), gießen Sie dann das Wachs hinein, lassen Sie es aushärten und prüfen dann das Abbrennverhalten. Das Testergebnis zeigt Ihnen, welche Dochtgröße sich für Ihre Kerzenbehälter eignet.*

## DOCHTTEST

1. Befestigen Sie Dochte, die sie ausprobieren wollen, in gleichmäßigen Abständen von 10–12 cm mit Heißkleber oder, falls vorhanden, mit Dochtfüßen auf einem großen Metallblech (nicht überfüllen). Wenn Sie unterschiedliche Dochte testen, sollten Sie die jeweiligen Arten (Holz, flach, rund) auf verschiedenen Blechen befestigen. Fertigen Sie eine Zeichnung an, auf der Sie die Position auf dem Blech und die Größe des jeweiligen Dochts notieren. Vermischen Sie das Wachs mit dem Duftöl (falls verwendet). Normalerweise enthält die Mischung 6–12 Prozent Öl.

2. Wenn die Dochte fixiert sind und das Wachs flüssig ist, gießen Sie es auf das Blech. Sie stellen im Prinzip eine Mehrdochtkerze her. Das Wachs sollte vor dem Test mindestens 48 Stunden aushärten.

3. Kürzen Sie die Dochte auf 5 mm. Nach dem Kürzen alle Kerzen anzünden und 2 Stunden brennen lassen. Dabei darauf achten, dass das Blech an einem zugfreien Ort auf einer hitzebeständigen Oberfläche steht. Während der Brenndauer von 2 Stunden kann man das grundlegende Brennverhalten jedes Dochts beurteilen.

4. Notieren Sie alle 15 Minuten Flammengröße, Flackern und Abbrand. Je mehr Notizen Sie machen, desto leichter fällt die Entscheidung für einen Docht. Sie können den Abbrand auch mit einer Kamera aufnehmen.

5. Nach 2 Stunden die Flammen löschen und das Wachs aushärten lassen. Dabei das Blech möglichst nicht bewegen. Mit einem Lineal die Durchmesser der Brennteller messen. Mit den Gefäßgrößen abgleichen, die Sie verwenden möchten (siehe Seite 46–50).

6. Zünden Sie die Kerzen wieder an und lassen Sie das gesamte Wachs abbrennen. Machen Sie sich dabei weiterhin Notizen und beobachten Sie das Brennverhalten. Erst danach entscheiden Sie sich für die passenden Dochte.

# GEFÄSSE

Es gibt viele verschiedene Arten von Gefäßen, die sich für eine Kerze eignen. Bei unserer eigenen Linie wussten wir von Anfang an, dass wir Bernsteingläser verwenden wollten, weil wir das stimmungsvolle warme Licht beim Abbrennen lieben. Aber je nach Einrichtungsstil oder Anlass gibt es viele Möglichkeiten.

Drei Dinge sollte man bei der Suche nach einem geeigneten Gefäß für Duftkerzen beachten. Das Gefäß muss feuerfest, nahtlos und dicht sein. Das Material muss so hitzebeständig sein, dass es bei den hohen Temperaturen nicht platzt oder Risse bildet. Sollte das Wachs durch einen Riss oder aus porösem Material wie Terrakotta auslaufen, wird der Docht freigelegt. Das kann eine große Flamme und erhöhte Brandgefahr zur Folge haben (siehe Seite 136). Materialien wie Kunststoff oder Holz sowie sehr empfindliche Glasarten, die bei zu hoher Temperatur platzen können, sind nicht zu empfehlen.

Ist die Materialfrage einmal geklärt, wenden wir uns ästhetischen Gesichtspunkten zu. Generell kann man sagen, dass Gefäße mit geraden Seiten, bei denen die Öffnung denselben Durchmesser wie der Boden hat, am besten funktionieren. In so einem Gefäß erhält man einen schönen Brennteller, ohne eine Überhitzung zu riskieren, wenn der Docht bis zum Boden abbrennt.

## GLAS

Glas wird am häufigsten verwendet, weil es hitzebeständig ist und man dem heimeligen Leuchten der Flamme beim Brennen zusehen kann. Das Glas darf jedoch nicht zu empfindlich sein. Der Boden sollte außerdem dick genug sein, um der Hitze standzuhalten. Beim Aushärten kann sich zwischen Gefäßwand und Wachs ein Spalt bilden, in durchsichtigen Gefäßen fällt das stark auf. Um dem vorzubeugen, sollte das Gefäß vor dem Eingießen des Wachses die richtige Temperatur aufweisen (siehe Tipp).

## Tipp

*Um zu vermeiden, dass sich das Wachs beim Aushärten von der Gefäßwand löst, sollte man es bei Raumtemperatur – ca. 20 °C – eingießen. Wenn nötig, das Glasgefäß mit einem Fön erwärmen.*

DUFTKERZEN

## PORZELLAN

Porzellan ist ein robustes Keramikerzeugnis, das bei sehr hohen Temperaturen gebrannt wird, damit es dicht ist und sich gleichzeitig weich anfühlt. Porzellan lässt sich gut glasieren und ist in vielen verschiedenen Ausführungen erhältlich. Ein weiterer wichtiger Punkt bei Porzellan ist, dass es leicht lichtdurchlässig ist, sodass das Gefäß beim Entzünden der Kerze in einem warmen Glanz erstrahlt. Durch die hohen Brenntemperaturen besteht bei Porzellan im Vergleich zu anderen Keramikgefäßarten auch weniger die Gefahr, dass es platzt.

## METALL UND ZINN

Metalle sind eine attraktive Alternative zu Glasgefäßen und verbreiten einen Hauch von Luxus, insbesondere Materialien wie gebürsteter Stahl oder Kupfer. Metall ist haltbarer als Glas, sodass Metallgefäße nicht reißen oder platzen. Der Nachteil ist, dass Metall kein Licht durchscheinen lässt, sodass Kerzen in Metallbehältern nicht so atmosphärisch sind. Metall kann sehr heiß werden, deshalb sollte man auf den Docht achten und die Kerze immer auf eine hitzebeständige Oberfläche stellen, um die Möbel nicht zu beschädigen.

## TERRAKOTTA UND KERAMIK

Es gibt auch eine Reihe durchlässiger Materialien, die es wert sind, sie näher zu betrachten, zum Beispiel Terrakotta und Beton (siehe Seite 50). Man muss jedoch bedenken, dass flüssiges Wachs in die Poren des Gefäßes eindringt, was zu gefährlicher Überhitzung oder Rissbildung führen kann. Wenn das Gefäß nicht glasiert ist, können Sie es selbst mit einem wasserbasierten Decoupage-Kleber oder einer Glasur auf der Innenseite versiegeln (es gibt eine Reihe umweltfreundlicher wasserbasierter Versiegelungen für Beton oder Keramikmaterialien). Die meisten Wachse, die für andere Gefäße geeignet sind, können auch für diese Behälter benutzt werden.

Töpfe aus Keramik können wunderschöne Kerzenhalter ergeben und bemalt werden, damit sie zu Duft, Dekoration oder Einrichtung passen. Wenn Sie herkömmliche Terrakotta- oder Keramiktöpfe verwenden möchten, gibt es ein paar Dinge, die Sie vor dem Eingießen des Wachses tun sollten. So haben Pflanzentöpfe meistens ein Loch im Boden. Dieses Loch muss (zum Beispiel mit Silikon) verschlossen werden, damit kein geschmolzenes Wachs austreten kann. Außerdem ist

Terrakotta üblicherweise nicht glasiert und Sie sollten den Topf, wie zuvor beschrieben, versiegeln. Keramiktöpfe lassen sich ganz ähnlich wie Terrakottatöpfe verwenden, sie sind aber oft schon glasiert.

Berücksichtigen Sie bei der Wahl des Gefäßes die Materialstärke und wählen Sie möglichst Gefäße mit gerade Seiten, damit die Kerze gut abbrennt. Von Hand gemachte Gefäße sind sehr schön, aber durch die Unregelmäßigkeiten kann es schwirig sein, eine einzige Dochtart zu finden, die Sie in mehreren Gefäßen benutzen können.

## BETON

Dieses künstliche Material hat sich in den letzten Jahren zu einem Trend entwickelt. Mit schlichtem Design wird es gern in minimalistischen Innenräumen eingesetzt. Auch bei Betongefäßen sollte man darauf achten, dass sie innen glasiert sind. Sollten Sie Betongefäße selbst herstellen, verwenden Sie am besten eine wasserbasierte Versiegelung.

> **Tipp**
>
> *Sie können das Gefäß nach dem Gebrauch wiederverwenden, entweder um eine weitere Kerze herzustellen oder als Aufbewahrungsbehälter oder Blumentopf. Wenn die Kerze abgebrannt ist, tauchen Sie das Gefäß in einen Topf mit warmem Wasser, damit das restliche Wachs schmilzt, oder stellen Sie es 5–10 Minuten bei niedriger Temperatur in den Ofen. Entfernen und entsorgen Sie die letzten Wachsstücke, sobald diese geschmolzen sind. Dann können Sie den Behälter reinigen und wiederverwenden. Der Dochtfuß lässt sich mit einem Teelöffel entfernen, solange das Gefäß warm ist.*

MATERIALIEN 51

# DUFT, QUALITÄT UND GLEICH-MÄSSIGKEIT

In den vorigen Abschnitten haben wir die verschiedenen Öle, Wachse, Dochte und Gefäße erläutert, die zum Kerzenherstellen nötig sind. Wir raten Ihnen, alles gründlich auszuprobieren, damit Duft, Abbrennverhalten von Wachs und Docht und somit die Qualität der Kerzen stimmt, bevor Sie sie weiterverwenden. Experimentieren macht Spaß und führt zu guten Ergebnissen.

Falls Sie Fragen zu den Produkten haben, gehen Sie die Herstellerhinweise durch. Jeder Hersteller sollte angeben, welche Inhaltsstoffe enthalten und welche Sicherheitshinweise zu beachten sind.

Bei Wachs und Ölen lässt sich zum Beispiel recht leicht nachvollziehen, woher die verwendeten Rohstoffe kommen.

Es gibt ein paar einfache Regeln um herauszufinden, was noch nötig ist, damit Ihre Mischung gut duftet, das Wachs gleichmäßig abbrennt und die Kerze schön aussieht.

Zunächst einmal sollte bei einer Mischung der Ölanteil bei 6–12 Prozent des Gefäßvolumens liegen. Weniger führt dazu, dass die Kerze nicht genug Duft in den Raum verströmt. Wenn Sie mehr Öl verwenden kann es passieren, dass das Wachs nicht die gewünschte Konsistenz erhält. Das genaue Verhältnis hängt vom Ausgangsmaterial ab, Sie können es in Ihren Tests herausfinden. Wenn Ihr Duft aus einer schweren, holzigen Basisnote mit starkem floralen Einschlag besteht, benötigen Sie eher einen geringeren Duftölanteil, als wenn Sie einen leichten, zarten Zitrusduft kreieren möchten.

Berücksichtigen Sie auch das verwendete Öl. Wie wir zuvor erklärt haben, ist es viel einfacher, mit naturidentischen Ölen zu arbeiten als ausschließlich mit ätherischen. Zudem es ist auch eine Kostenfrage. Am sinnvollsten ist es deshalb, wenn sie einfach ausprobieren, wie der Duft im Raum wirkt.

Nun kommen wir zu der Frage, die uns in unseren Workshops am häufigsten gestellt wird: Wie wird das Wachs glatt?

Beim Testen stellt man schnell fest, dass Wachs unterschiedlich aushärtet. Häufig ist zu beobachten, dass die Oberfläche weißlich wird und sich Kristalle darauf bilden. Das beeinflusst nicht das Abbrennen oder den Duft, aber es sieht nicht so schön aus. Leider passiert das häufig bei pflanzlichen Wachssorten, jedoch nur an den Rändern vom Wachs. Bei nicht gefärbtem Wachs fällt das oft nicht so sehr auf, aber es sollte trotzdem vermieden werden. Achten Sie darauf, dass das Wachs beim Schmelzen nicht überhitzt und halten Sie sich an die Herstellerangaben. Rühren Sie beim Mischen weniger stark und füllen Sie das flüssige Wachs einige Male in einen anderen Behälter um, bevor Sie es ins eigentliche Kerzengefäß gießen. Dadurch verbessert sich die Mischung und die Kerze duftet vom ersten Anzünden an sehr angenehm. Man kann auch die Wachsoberfläche nachträglich noch einmal mit einer Heißluftpistole erhitzen, um Risse in der Oberfläche zu beseitigen, damit sie schön glatt wird.

Eine weitere Möglichkeit, um eine gleichmäßige Oberfläche zu erhalten, ist das Nachgießen. Anstatt die Kerze bis zur gewünschten Höhe aufzufüllen, gießen Sie das Wachs zunächst nur bis zu drei Viertel ein und lassen es etwas fest werden. Dann schmelzen Sie weiteres Wachs und gießen es darauf. Dadurch härtet das Wachs gleichmäßiger aus und Sie erhalten eine glatte Oberfläche.

Hin und wieder sieht es beim Abbrennen einer Kerze so aus, als ob sie schwitzt. Das geschieht oft bei Sojawachskerzen. Auch dies hat keine Auswirkung auf das Abbrennen oder die Qualität der Kerze, doch wenn man andere Pflanzenwachse beimischt – zum Beispiel hilft Bienen- oder Kokoswachs – kann man dieses Problem in den Griff bekommen. Am besten sollte man aber den Ölanteil der Wachsmischung verringern. Kerzen sollten bei einer Raumtemperatur von 20 °C gegossen werden und nicht bei zu hohen Temperaturen gelagert werden.

*Achten Sie darauf, dass das Wachs beim Schmelzen nicht überhitzt und beachten Sie die Herstellerangaben.*

## UTENSILIEN

Hier finden Sie eine Liste der wichtigsten Utensilien, die sie zur Kerzenherstellung benötigen. Wenn Sie das Kerzengießen zu Ihrem Hobby machen wollen, empfehlen wir Ihnen, sich die einzelnen Dinge separat zu kaufen.

**Messbecher** – zum Abmessen von Wachs und Öl

**Wachs** – siehe Seite 36–39

**Wasserbad** – unter dem Namen Bain-Marie bekannt. Sie können stattdessen auch eine Metallschüssel über einen Topf mit siedendem Wasser setzen.

**Küchenthermometer** – zum Überprüfen der Wachstemperatur

**Ölmischung** – je nach Duft und Öl benötigen Sie 6–12 Prozent des Gefäßvolumens

**Digitale Küchenwaage** – zum Abwiegen des Öls

**Dochte** – die Größe richtet sich nach dem Durchmesser des Gefäßes (siehe Seite 40–43)

**Heißklebepistole und Holzstäbe** – diese benötigen Sie nicht, wenn Sie Dochte mit Standfüßen verwenden.

**Gefäße** – unbedingt vor dem Eingießen reinigen

**Rührgeräte** – ein Holzlöffel oder ein Palettmesser zum Umrühren des Wachses

**Zwei Metall-Gießkrüge** – zum Mischen von Wachs und Öl

**Wäscheklammern** – zur Fixierung der Dochte nach dem Gießen empfehlen wir einfache Holzklammern.

**Schere** – zum Zuschneiden von Dochten, wenn Sie Ihre Kerze fertigstellen

MATERIALIEN 55

# EINEN DUFT ENTWICKELN

*Wenn wir auf unserem Weg etwas gelernt haben, dann, dass es absolut wichtig ist, von Anfang an eine Vorstellung vom gewünschten Dufterbnis zu haben. Ohne ein konkretes Konzept kann man sich schnell im Dschungel der Düfte und ätherischen Öle verirren. Ein Konzept gibt Ihnen Orientierung und hilft Ihnen, die Geschichte zu erzählen, die Sie mit Ihrem Duft weitergeben möchten.*

## EINEN DUFT ENTWICKELN

Je nachdem, ob Sie Kerzen zur Aromatherapie herstellen möchten oder eine persönliche Geschichte erzählen möchten, fällt Ihr persönliches Konzept ganz unterschiedlich aus.

### AROMATHERAPIE

Kerzen für die Aromatherapie herzustellen ist eher unkompliziert und das Konzept dazu ziemlich lösungsorientiert, da die Inhaltsstoffe und Düfte die Anwendungsmöglichkeiten der Kerze unmittelbar vorgeben. Möchten Sie eine Kerze, die Sie beim Entspannen unterstützt oder eine, die Ihnen Energie beim Aufstehen schenkt? Zugegebenermaßen klingt das sehr technisch, aber es macht trotzdem Spaß, solche Kerzen zu gießen. Die Herstellung wird einfach nur von äußeren Faktoren bestimmt.

---

*Um einen Duft zu kreieren, ist ein konkretes Konzept unerlässlich.*

---

| BERUHIGENDE DÜFTE | DÜFTE ZUR KONZENTRATION | DÜFTE FÜR ENERGIE |
|---|---|---|
| Bergamotte | Engelwurz | Basilikum |
| Geranie | Eukalyptus | Grapefruit |
| Kamille | Gewürznelke | Limette |
| Lavendel | Ingwer | Orange |
| Neroli (Pomeranze) | Kardamom | Pfefferminze |
| Palo Santo | Pfefferminze | Rosmarin |
| Petitgrain | Salbei | Schwarzer Pfeffer |
| Rose | Zedernholz | Thymian |
| Sandelholz | | Zitronengras |
| Vetiver | | |
| Weihrauch | | |
| Ylang-Ylang | | |
| Zedernholz | | |
| Zimt | | |
| Zitrone | | |

## GESCHICHTEN ERZÄHLEN

Diese Herangehensweise lässt Sie kreative Wege gehen, sie ist viel abstrakter und schwerer kontrollierbar. Denken Sie an einen Urlaub oder besonderen Moment Ihres Lebens, den Sie wachrufen möchten, tauchen Sie über Ihre Nase in Ihr limbisches System ein und überlegen Sie, welche Gerüche Sie dorthin zurückversetzen können.

Die meisten unserer Kerzendüfte basieren auf Geschichten. Wenn wir im Kundenauftrag Düfte für Hochzeiten, Events oder Partner entwickeln, verwenden wir ein bestimmtes Schema als Ausgangspunkt. Die Fragen, die wir uns oder unseren Mitarbeitern am Anfang stellen, sind Folgende.

**Welche Geschichte möchten Sie mit diesem Duft erzählen?**

Die Geschichte unseres *Greenhouse*-Dufts zum Beispiel ist sehr persönlich, sie erzählt vom Sommer in Griechenland mit den Großeltern, die in ihrem Dorf für ihre üppigen Tomaten berühmt waren. Für ein Kind aus einer deutschen Stadt war das etwas ganz Besonderes.

**Welche Bilder, Erinnerungen und Farben möchten Sie beim Riechen der Kerze heraufbeschwören?**

Stichwörter, die wir bei der Arbeit an dem oben erwähnten Duft notierten, waren: Sommertage, Ruhe, Hitze, Grün und Gelb, Zeit mit der Familie, Tradition, vertraut, erhebend, Glück …

**Beschreiben Sie einen Ort, einen Moment oder das Wetter an einem bestimmten Tag.**

Dies ist sehr individuell, für den *Greenhouse*-Duft haben wir an einen gewöhnlichen Sommertag in dem griechischen Dorf gedacht.

**Tauchen Sie noch tiefer ein und denken Sie an scheinbar Nebensächliches. Sie können auch ein visuelles Moodboard erstellen, das Ihnen hilft, den Duft zum Leben zu erwecken.**

Sobald Sie die Fragen beantwortet und ein Moodboard erstellt haben, können Sie auf eine Reihe von Werkzeugen zurückgreifen, die Ihnen dabei helfen, einen vielschichtigen Duft mit Tiefe zu entwickeln und passende Öle zu verarbeiten.

EINEN DUFT ENTWICKELN

## DAS DUFTRAD

Für unsere Düfte setzen wir eine Mischung aus naturidentischen und ätherischen Ölen ein. Doch unabhängig von der Ölsorte gibt es ein Werkzeug, das dabei hilft, die Öle in Gruppen einzuteilen und Kombinationen zu entdecken, auf die Sie vielleicht selbst nicht gekommen wären.

Dieses Werkzeug ist ein Duftrad. Davon gibt es unterschiedliche Varianten, das erste wurde 1949 von Paul Jellinek aufgestellt. Wir haben unsere eigene Version mit den Hauptkategorien von Jellinek entwickelt:

— Blumig

— Frisch

— Orientalisch

— Holzig

Wenn Sie Ihre eigenen Düfte mischen, sollten Sie die Informationen aus diesem Kapitel, die Duftpyramide auf Seite 66 und Ihr persönliches Konzept berücksichtigen.

Zu Beginn ist es sinnvoll herauszufinden, welche Kategorie Sie am meisten interessiert. Denken Sie an Ihre Lieblingsdüfte und ordnen Sie sie dem Duftrad zu. Scheuen Sie sich auch nicht, einem Duft mehrere Kategorien zuzuordnen. Diese schnelle Übung hilft Ihnen, sich etwas mit dem Duftrad vertraut zu machen. Anschließend wenden Sie das Duftrad auf Ihr persönliches Konzept an. Wenn Sie eine Geschichte erzählen möchten, überlegen Sie, welche Düfte bei Ihnen entscheidende Bilder, Erinnerungen und Gefühle wecken und in welcher Gruppe sie hauptsächlich liegen. Wenn die Duftnoten über das ganze Rad verteilt sind, fokussieren Sie sich auf wenige und kreisen Sie sie ein. Wir empfehlen Ihnen, die Duftkombinationen zunächst einfach zu halten und Öle zu mischen, die in derselben Kategorie oder direkt daneben liegen. Ihre ersten Versuche sollen erfolgreich sein, damit Sie die Freude am Experimentieren nicht verlieren.

# Scent Wheel

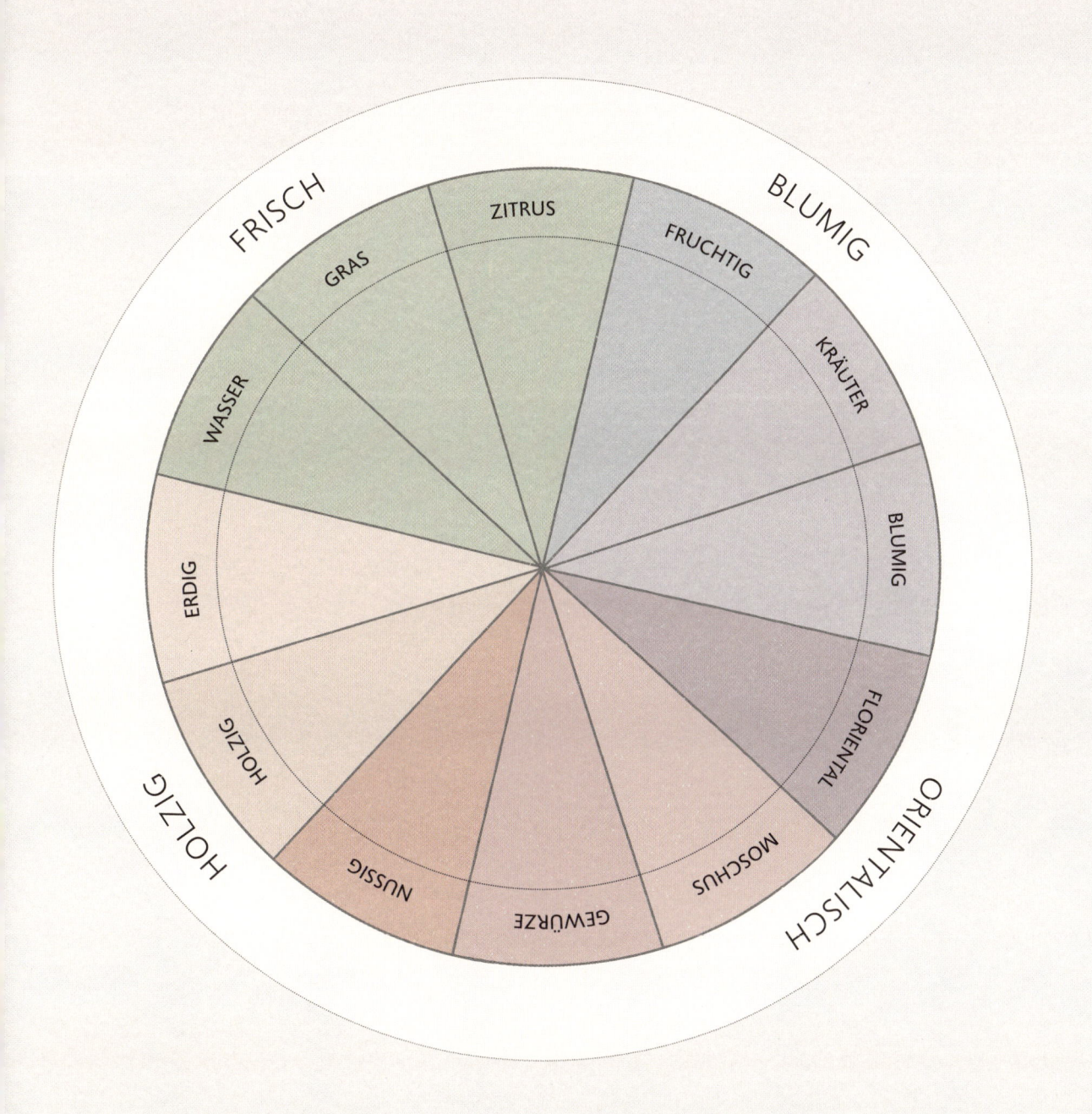

- **FRISCH**: ZITRUS, GRAS, WASSER
- **BLUMIG**: FRUCHTIG, KRÄUTER, BLUMIG
- **ORIENTALISCH**: FLORIENTAL, MOSCHUS, GEWÜRZE
- **HOLZIG**: NUSSIG, HOLZIG, ERDIG

EINEN DUFT ENTWICKELN

Sobald man ein Gespür für die Öle entwickelt hat, kann man mutiger werden. Probieren Sie auch Kombinationen von Duftnoten aus, die möglicherweise seltsam erscheinen, Ihnen aber gefallen.

Hier sind einige Kategorien unserer Notizen, die Sie als Anregung verwenden können:

### FRISCH

**Wasser:** *Meeresnoten, Meersalz*
**Gras:** *Tomatenblätter, geschnittenes Gras, Pfefferminze, Minze*
**Zitrus:** *Zitronengras, Mandarine, Clementine, Zitrone, Orange*
**Frucht:** *Bergamotte, Schwarze Johannisbeere, Süßorange, andere Beeren*

### FLORAL

**Kräuter:** *Basilikum, Rosmarin, Petersilie, Oregano*
**Blumig:** *Rose, Lilie, Geranie, Jasmin, Ylang-Ylang, Lavendel*
**Floriental:** *Orangenblüte, Tuberose*

### ORIENTALISCH

**Moschus:** *Bittermandel, Muskatellersalbei, Myrrhe, Engelwurz, Labdanum*
**Gewürze:** *Zimt, Nelken, Anis, Kardamom, Ingwer*
**Nussig (süß):** *Pistazie, Mandel, Kakao, Vanille*

### HOLZIG

**Holzig:** *Sandelholz, Palo Santo, Zedernholz, Zypresse, Wacholder*
**Erdig:** *Eichenmoos, Vetiver, Patschuli, Weihrauch*

Einige Dufträder führen „Gourmand" als eigenständige Kategorie, aber wir haben nussartige und fruchtige Noten mit in unsere Hauptkategorien aufgenommen.

## Tipp

*Jeder kennt das Sprichwort „Gegensätze ziehen sich an". Die Geschmackskombination süß und herzhaft gilt auch für den Duft. Holzige Noten, wie etwa Zedernholz, passen gut zu einer blumigen Note wie Jasmin.*

# DIE DUFT-PYRAMIDE

*Alle Ebenen zusammen ergeben den endgültigen Duft*

Auch wenn Sie noch nicht mit der Duftpyramide vertraut sind, haben Sie die Begriffe Kopf-, Herz- und Basisnote sicherlich schon einmal gehört. Sie werden benutzt, um den Aufbau eines Parfüms oder eines Dufts zu veranschaulichen.

Beim Kreieren von Düften ist es wichtig, die drei verschiedenen Ebenen zu berücksichtigen, die als Kopf-, Herz- und Basisnoten bekannt sind. Jede Ebene kann mehr als eine Note enthalten, und alle Ebenen zusammen ergeben den endgültigen Duft.

### Kopfnote

Die Kopfnote ist der erste Eindruck eines Duftes. Bei einem Parfum kann man sie vom Moment der Anwendung bis 30 Minuten nach der Anwendung riechen. Die Kopfnote ist traditionell erfrischend, belebend, spritzig und einladend. Die Kopfnote duftet stark, ist aber sehr flüchtig. Bei einer Kerze nimmt man die Kopfnote im kalten Zustand wahr. Kopfnoten sind die Düfte, die Sie als Erstes riechen, sie dienen aber auch als sanfter Übergang zur Herznote. Bergamotte, Grapefruit, Zitrone, Limette, Mandarine, Kiefer und Basilikum sind typische Kopfnoten.

### Herznote

Die Herznote ist die mittlere Note einer Duftmischung und macht den größten Teil einer Duftkreation aus. Sie tritt in dem Moment zutage, wenn die Kopfnote verfliegt und setzt das Geruchserlebnis und die Geschichte fort. Herznoten duften 2–4 Stunden. Typischerweise sind die Herznoten runder, weicher, blumiger und sanfter. Es können Gerüche nach Geranie, Neroli, Rose, Muskatnuss und Zypresse sein.

### Basisnoten

Wenn ein Duft als luxuriös und tief bezeichnet wird, dann liegt das daran, dass der Parfümeur den Duft ausgezeichnet mit Basisnoten verfeinert hat. Basisnoten vertiefen den Duft und bilden zusammen mit den Herznoten das Hauptthema Ihrer Duftkreation. Sobald alle anderen Noten verflogen sind, bleiben die Basisnoten erhalten und geben Ihnen den letzten Eindruck vom Duft. Wenn Sie diese Logik auf Kerzen anwenden, ist damit der Duft gemeint, der im Raum verweilt, wenn die Kerze gelöscht wurde.

## Tipp

*Wenn Sie eine Duftkerze mit einem großen Anteil an Kopfnoten herstellen, müssen Sie besonders deren Flüchtigkeit berücksichtigen. Arbeiten Sie bei den Dochttests sehr genau, wenn Sie die richtige Dochtgröße für Ihr Gefäß ermitteln (siehe Seite 45).*

KOPFNOTE

HERZNOTE

BASISNOTE

EINEN DUFT ENTWICKELN

DUFTKERZEN

## Duftschichten

Wenn Sie einen Kerzenduft kreieren, sollten Sie die drei Noten unabhängig voneinander entwickeln. Sind Sie mit den Mischungen für Kopf-, Herz- und Basisnote zufrieden, können Sie diese zu Ihrem endgültigen Duft zusammenfügen. Um zu prüfen, ob sie zusammenpassen, verwenden Sie am besten pH-neutrale Papierstreifen. Tauchen Sie jeden Streifen separat in eine Duftnote und halten Sie die drei Streifen wie einen Fächer vor Ihre Nase. Dabei sollten Sie den Streifen mit der Kopfnote am nächsten, in der Mitte den Herznotenstreifen und am weitesten entfernt den Basisnotenstreifen unter Ihre Nase halten. Stellen Sie sich vor, die drei Streifen würden Ihnen und Ihrer Nase die Geschichte mit einem Anfang, einem Hauptteil und einem Ende erzählen.

Bei unserem Beispiel vom *Greenhouse*-Duft haben wir mit einer Zitrusmischung gearbeitet – Zitronenschale als vorherrschende Note, die die Kerze im kalten Zustand verbreitet. Wenn Sie die Kerze anzünden, erleben Sie unsere leichte Herznote, bei der Aromen von Tomatenblatt und Basilikum dominieren. Die Basisnote haben wir auf ein Minimum reduziert, deshalb gibt es lediglich einen Hauch von Petersilie. Eventuell hilft es, wenn Sie die Duftkomposition als eine Art Pflanze mit einer Blüte, einem Stiel und Wurzeln im Boden betrachten.

Natürlich ist es auch völlig legitim, einen einfacheren Ansatz zu verfolgen. Wenn Sie lieber eine Kerze gießen möchten, die einfach nur nach Zedernholz riecht, besorgen Sie sich Zedernholzöl und mischen Sie es mit dem Wachs.

## Erstellen der Mischung

Für das Zusammenstellen von Duftöl gibt es keine festen Regeln. Es empfiehlt sich, zu Beginn ein Drittel Kopfnote, ein Drittel Herznote und ein Drittel Basisnote zu mischen und dann die Mengen der einzelnen Duftnoten zu variieren, bis Sie Ihren gewünschten Duft erzielt haben. Das erfordert ein wenig Geduld und viele Versuche, doch genau das macht richtig Spaß.

Wenn Sie erst einmal die gewünschte Mischung zusammengestellt haben, müssen die Mengen so abgewogen werden, sodass der Anteil des Öls 6–12 Prozent der Wachsmenge ausmacht. Wenn Sie beispielsweise mit 1 kg Wachs arbeiten, sollten Sie 60–120 g Öl für die Duftkerze abwiegen. Der genaue Anteil hängt letztendlich von der Intensität des Öls ab. Wenn Ihr Duft zum Beispiel schwer und holzig ist, benötigen Sie vermutlich etwas weniger Öl als bei einer leichten Zitrusnote.

# DIE WORKSHOPS

## MAN BRAUCHT

**Kerzen-Set** (siehe Seite 54)

**Sojawachs** – z. B. Moldmaster Öko-Sojawachs oder Ecosoya – für 5 Kerzen benötigt man 1 kg.

**Ölmischung** – je nach Duft und Ölauswahl 6–12 Prozent der Sojawachsmenge

**Dochte** – die Größe basiert auf den Durchmessern der verwendeten Gefäße (siehe Seite 40–43).

**Gefäße** – für dieses Projekt benötigen Sie Gefäße für 200 g Wachs.

# EINFACHE GEFÄSSKERZEN

*Damit haben wir angefangen und dies ist immer noch die Basis unserer Linie – Sojawachskerzen in Gläsern. Bevor Sie beginnen, lesen Sie bitte die vorigen Kapitel über Materialien, Gefäße, Dochte und natürlich Duftentwicklung.*

*In diesem Workshop stellen wir Kerzen in gleich großen Gefäßen mit einem Fassungsvermögen von 200 g her. Wenn Ihre Gefäße eine andere Größe haben, vergrößern oder verringern Sie bitte die Mengen entsprechend.*

*Nach Belieben können Sie das Sojawachs auch durch andere Pflanzenwachse oder Wachsmischungen ersetzen (siehe Seite 36–39).*

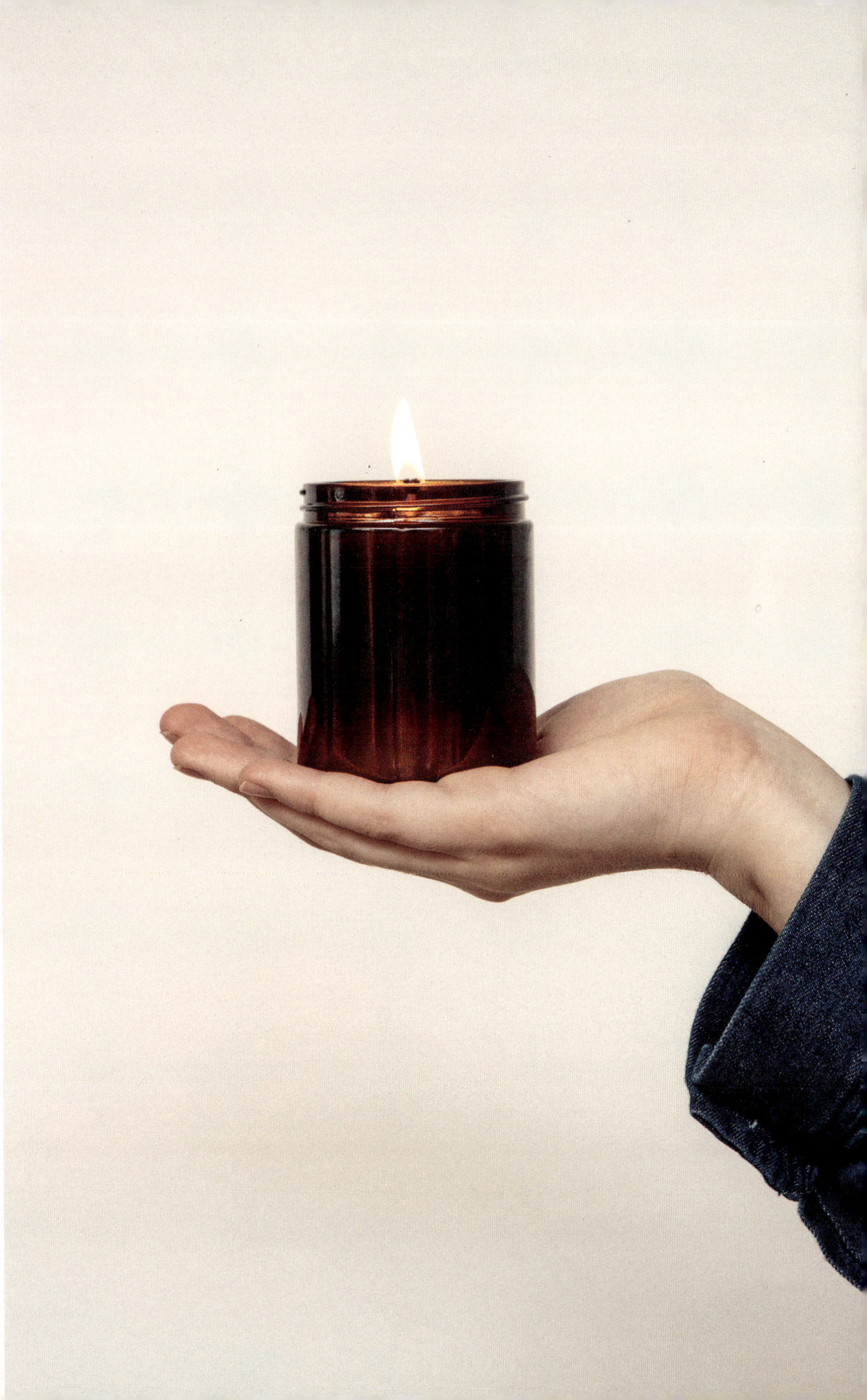

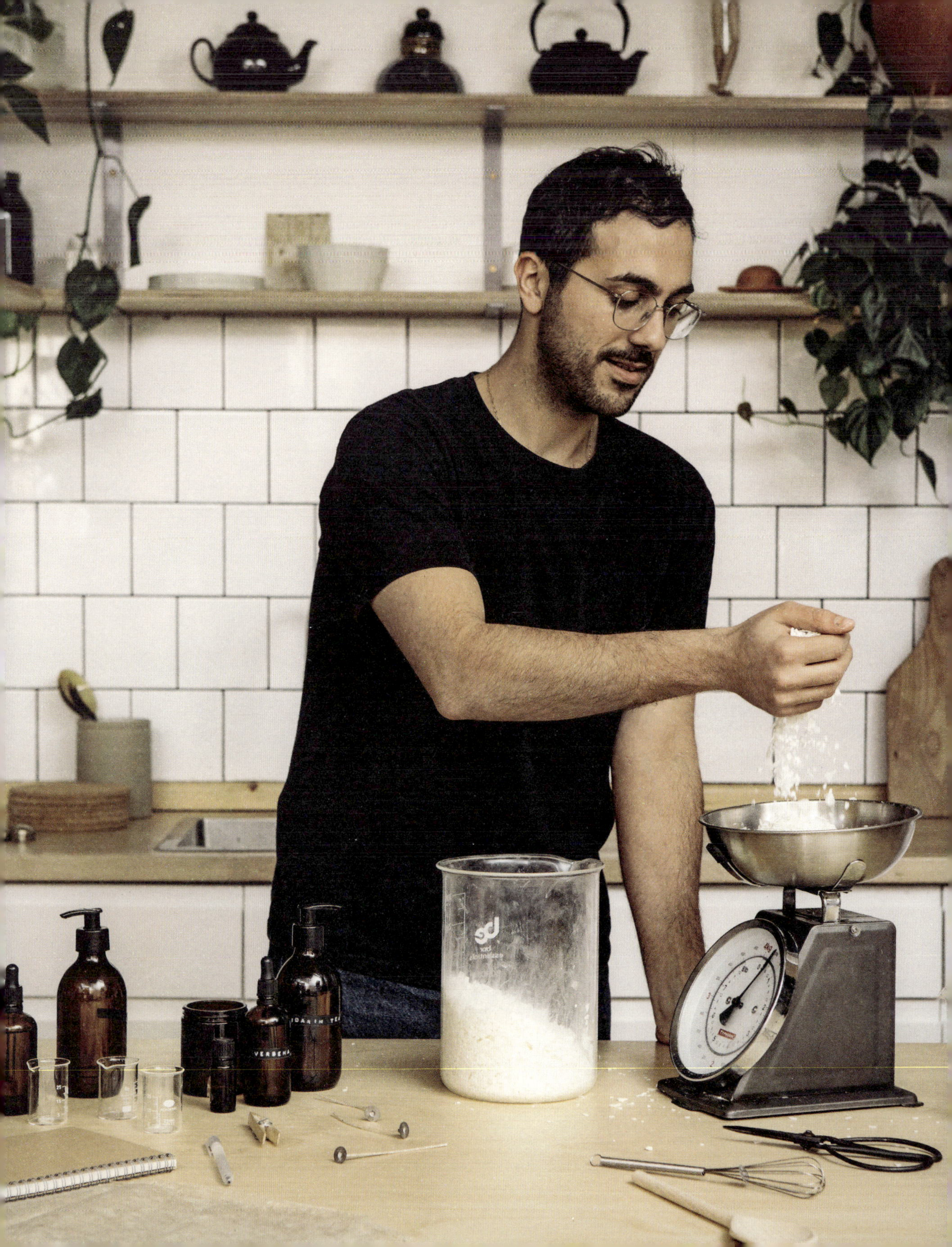
VERBENA

## ANLEITUNG

1. Zunächst wiegen Sie das Wachs ab und geben es in den hitzebeständigen Behälter über dem köchelnden Wasser im Topf. Überwachen Sie die Wachstemperatur ständig mit einem Küchenthermometer. Das Wachs darf nicht überhitzen!

   Während das Wachs langsam schmilzt, Ölmischung und Gefäße bereitstellen.

### Tipp

*Beim Schmelzen des Wachses bildet sich in der Mitte ein fester Klumpen. Nehmen Sie den Topf an dieser Stelle vom Herd, damit das Wachs nicht überhitzt. Sollte es doch einmal überhitzen, lassen Sie es erst abkühlen, bevor Sie die Ölmischung einrühren.*

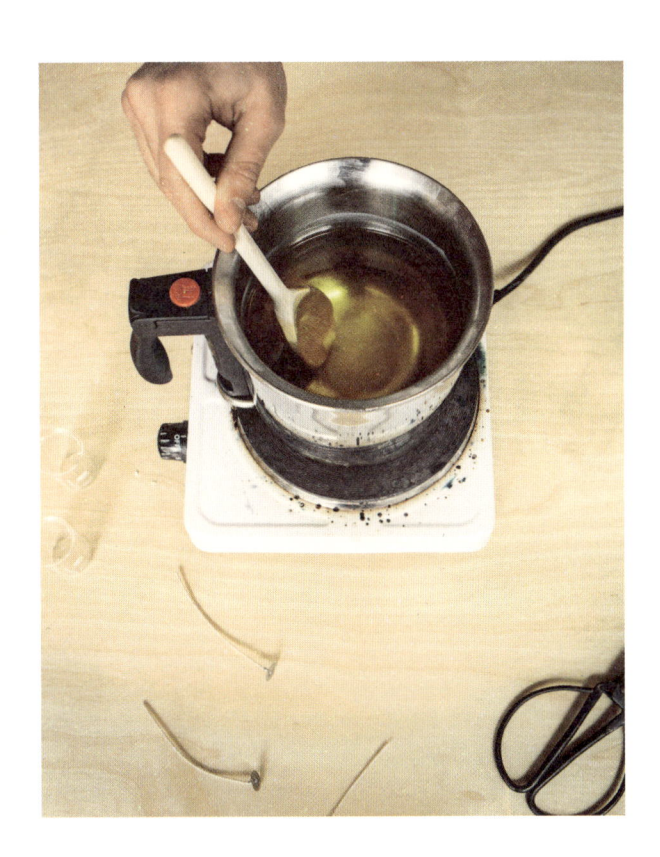

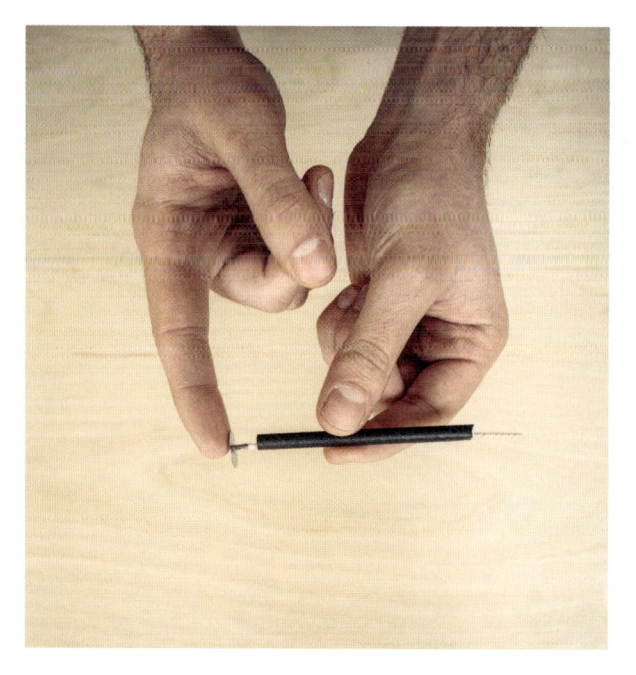

2. Nun das Gefäß vorbereiten. Dafür den Docht bei Bedarf mit einer Heißklebepistole mittig am Gefäßboden befestigen. Man kann den Docht in einen Strohhalm stecken, um leichter damit arbeiten zu können.

3. Die Duftmischung abmessen. Damit die Menge genau abgewogen werden kann, am besten eine digitale Küchenwaage oder Briefwaage verwenden.

Wenn das Wachs geschmolzen ist und eine Temperatur von 65–75 °C erreicht hat, gießen Sie es in einen Metallkrug und stellen Sie diesen zum leichten Abkühlen beiseite. Fügen Sie etwas von der Ölmischung hinzu, sobald die Wachstemperatur konstante 65 °C hat. Beim Gießen zunächst langsam im Uhrzeigersinn umrühren, dann gegen den Uhrzeigersinn, damit sich das Öl gut im Wachs verteilt. Wir empfehlen, das Wachs dann in einen zweiten Metallkrug umzugießen und weiteres Öl auf dieselbe Weise einzurühren, um eine gleichmäßig Ölverteilung im Wachs zu erhalten.

4. Die vorbereiteten Gefäße in gleichmäßigen Abständen auf ein Tablett oder auf die mit Backpapier abgedeckte Arbeitsfläche stellen. Jedes Gefäß so platzieren, dass der Docht beim Eingießen nicht vom flüssigen Wachs überschüttet wird. Der Wachsstrahl sollte beim Gießen nicht unterbrochen werden und das Wachs sollte nicht spritzen.

Das Wachs bis zur gewünschten Höhe ins Gefäß gießen, wir empfehlen, bis zum oberen Rand des Gefäßes 5 mm Abstand zu lassen – das ist die perfekte Höhe für den Docht, insbesondere bei Gefäßen mit Deckel. Alternativ können Sie das Gefäß auch zu drei Vierteln füllen, um es erst nach dem Aushärten weiter aufzugießen.

EINFACHE GEFÄSSKERZEN 77

### Tipp

*Wenn während des Gießens Wachs außen an den Seiten des Gefäßes herunterläuft, lassen Sie es bis zum Aushärten stehen. Wachs kann leichter entfernt werden, wenn es abgekühlt ist.*

5. Wenn die Kerzen gegossen sind, vorsichtig die Dochte mittig im Gefäß mit Wäscheklammern fixieren. Man kann auch spezielle Dochtklammern aus Edelstahl verwenden, wenn der Durchmesser des Gefäßes größer als die Wäscheklammer ist. Die Klammer sollte gut auf dem Gefäß aufliegen, damit der Docht beim Aushärten des Wachses nicht verrutscht. Man kann ein wenig nachhelfen, indem man die Klammer fest ans Gefäß drückt und dabei den Docht etwas auf Spannung zieht.

6. Lassen Sie die Kerzen vollständig abkühlen und aushärten. Anschließend die Klammer entfernen. Das Gefäß bei Bedarf rundum säubern und den Docht auf die richtige Länge kürzen. Die Kerzen für 48 Stunden beiseitestellen. Ganz nebenbei ist die Kerzenherstellung so auch eine wunderbare Übung in Geduld und Gelassenheit.

    Vielleicht haben sich an den Oberflächen der Kerzen kleine Flecken oder Kristalle gebildet. Dies geschieht häufig bei Sojawachskerzen und anderen Kerzen aus Pflanzenwachs. Sie können entweder etwas heißes Wachs nachgießen oder die Oberfläche mit einer Heißluftpistole erhitzen. Dadurch können auch Risse bereinigt werden. So erhalten Sie eine schöne, glatte Oberfläche.

EINFACHE GEFÄSSKERZEN

## MAN BRAUCHT

**Kerzen-Set** (siehe Seite 54)

**Sojawachs** – z. B. Moldmaster Öko-Sojawachs oder Ecosoya – für 5 Kerzen benötigt man 1 kg.

**Ölmischung** – je nach Duft und Ölauswahl 6–12 Prozent der Sojawachsmenge

**Dochte** – die Größe basiert auf den Durchmessern der verwendeten Gefäße (siehe Seite 40–43)

**Gefäße** – für diese Übung benötigen Sie Gefäße für 200 g Wachs.

**Ungiftiger PVA-Kleber** – zum Befestigen der gepressten Blumen an der Innenseite des transparenten Gefäßes

**Pinsel** – zum Auftragen des Klebers

**Handschuhe** – zum sauberen Arbeiten

**Eine Auswahl an gepressten Pflanzen** – zum Dekorieren der Gefäße

# BOTANISCHE KERZEN

*Botanische Kerzen haben eine außergewöhnliche, einzigartige Ästhetik. Unter dem Begriff verstehen wir nicht nur ein botanisches Duftprofil, sondern auch eine botanische Dekoration. Während dieses Workshops vermitteln wir Ihnen, wie man beide Elemente vereint.*

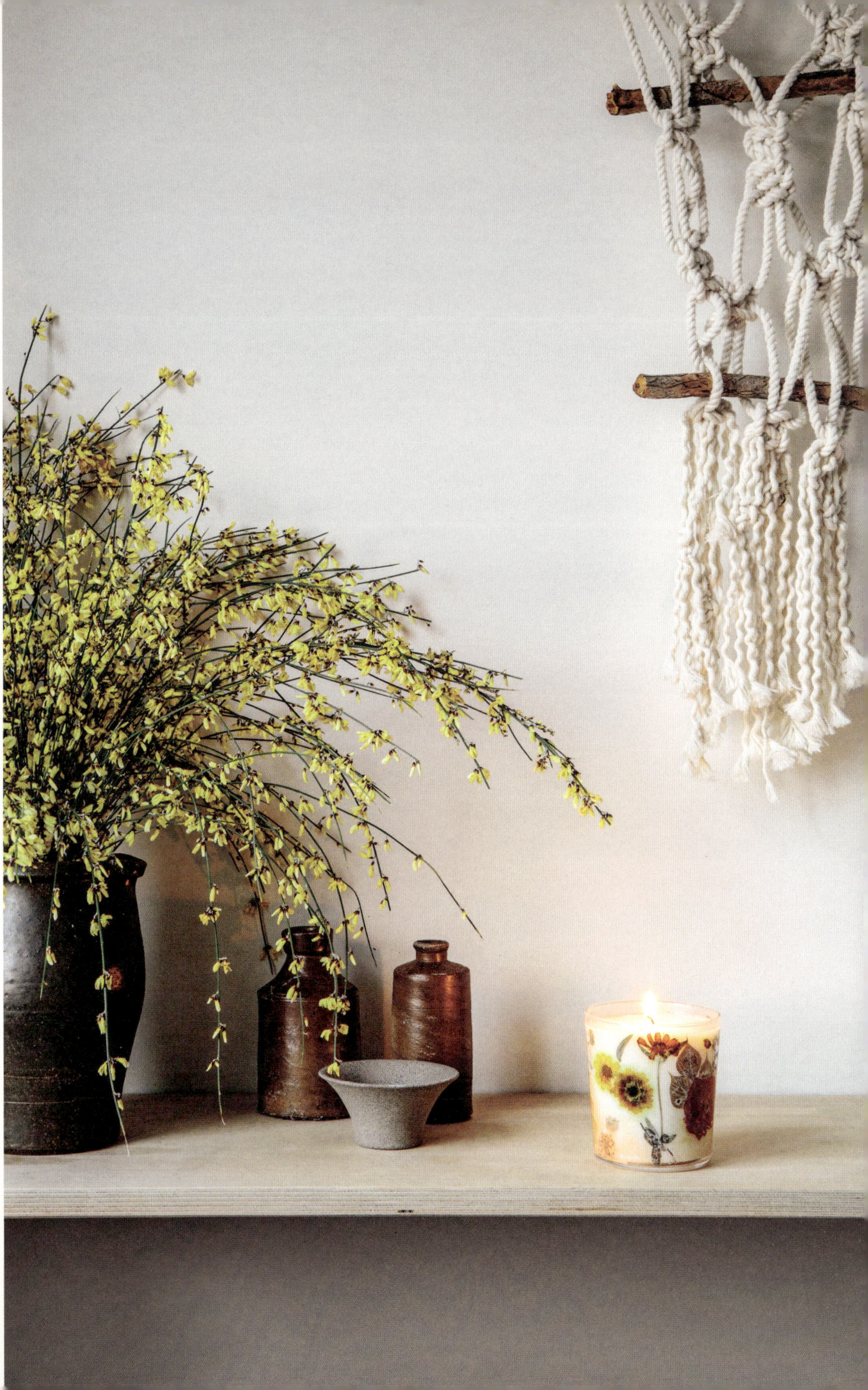

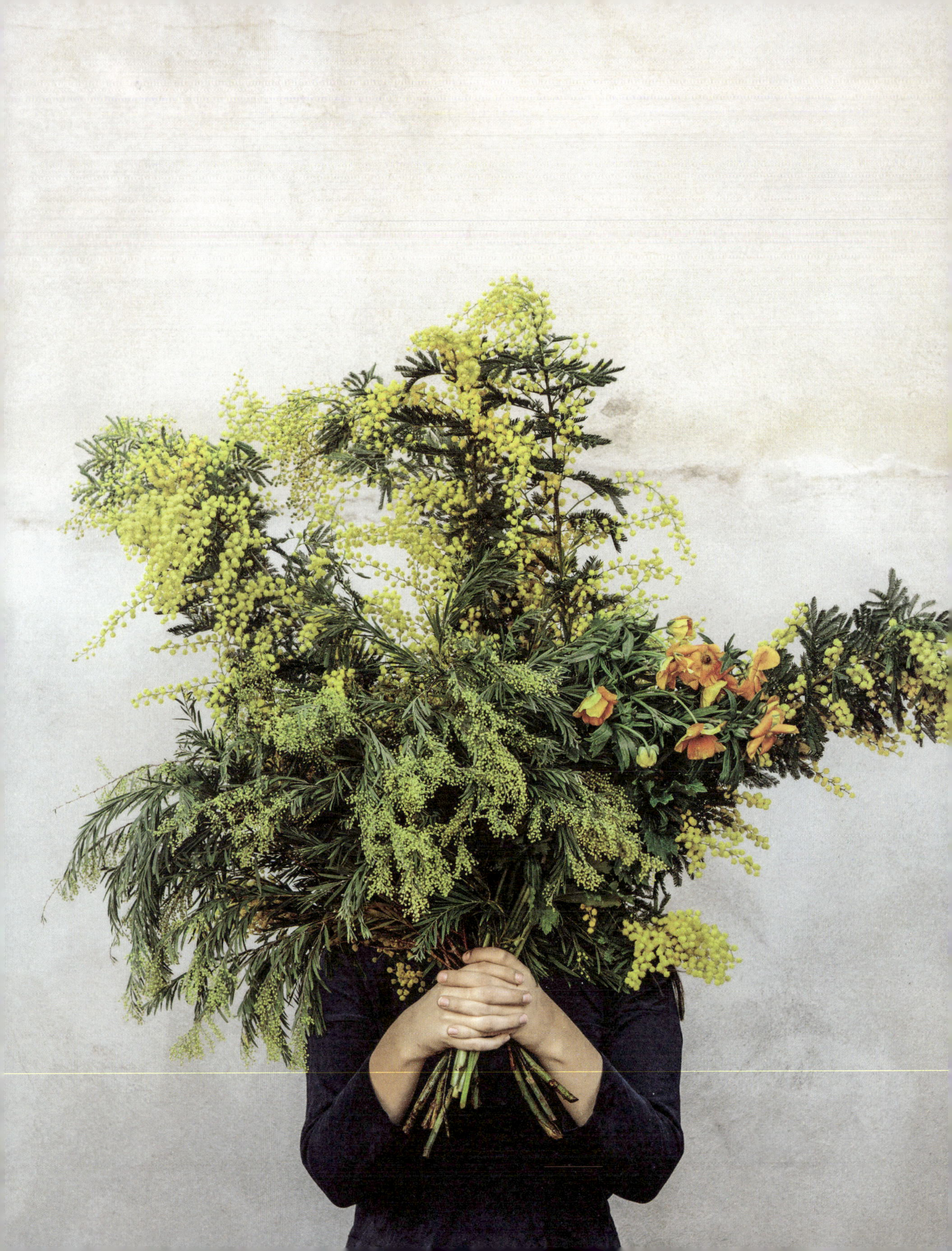

Die Schritte sind wie bei der Vorgehensweise mit den einfachen Gefäßkerzen auf Seite 75–79, Sie können jedoch auch hier jede andere Art von Wachs verwenden. Wir empfehlen eine Mischung aus Soja- oder Rapswachs mit Bienenwachs, denn man benötigt eine Wachsmischung, die weich genug ist, um lange zu brennen, und dennoch stabil genug, damit sie nicht bis zum Rand schmilzt. Bei der Herstellung einer botanischen Kerze ist es besonders wichtig, dass die Größe des Dochts perfekt an den Durchmesser des Gefäßes angepasst ist – bedenken Sie, dass ein Brennteller bis zum Glasrand die botanische Dekoration beschädigen würde.

Wir empfehlen die Verwendung eines durchsichtigen Behälters, damit die getrockneten Blüten und Gräser auch schön zur Geltung kommen. Bei der Ölmischung können Sie sich gern an den Pflanzenteilen orientieren, die Sie verwenden möchten. Ein Vorschlag für einen sommerlichen Duft ist zum Beispiel unsere zitrusartige süße Mischung unten. Wenn Sie diesen Duft mischen möchten, lesen Sie die Kapitel über das Duftrad und die Duftpyramide:

**Kopfnoten:** Süße Orange, Mandarine oder Tangerine, Zitrone und Grapefruit

**Herznoten:** Pfirsich oder Aprikose und Palmarosa

**Basisnoten:** Vanille und Sandelholz

Für die Glasdekoration überlegen Sie zunächst, wie Sie Ihre gepressten Blüten, Gräser und Blätter arrangieren möchten. Sie können sich für ein wiederkehrendes Muster und/oder eine bestimmte Farbkombination entscheiden. Einzelne Pflanzenteile sollten nicht übereinanderliegen. Legen Sie sich die Pflanzenteile auf einem weißen Blatt Papier zurecht, um zu sehen wie die Kombination wirkt.

Wenn Sie mit Ihrer Ölmischung und der Kombination der Pflanzenteile zufrieden sind, können Sie das Glas vorbereiten.

1. Wiegen Sie die benötigte Wachsmenge ab, geben Sie das Wachs in die Schüssel über dem Wasserbad und schmelzen es. Halten Sie ein Küchenthermometer bereit, um die Wachstemperatur jederzeit messen zu können. Nicht überhitzen (siehe Tipp auf Seite 75).

   Während das Wachs schmilzt, die Ölmischung zubereiten und das Gefäß bereitstellen.

   Beim Dekorieren des Glases sollten Sie, wie bei fast allen Dingen im Leben, nach dem Motto „weniger ist mehr" vorgehen. Verteilen Sie den Kleber zunächst nur in einem kleinen Bereich mit dem Pinsel. Man braucht nur eine dünne Schicht.

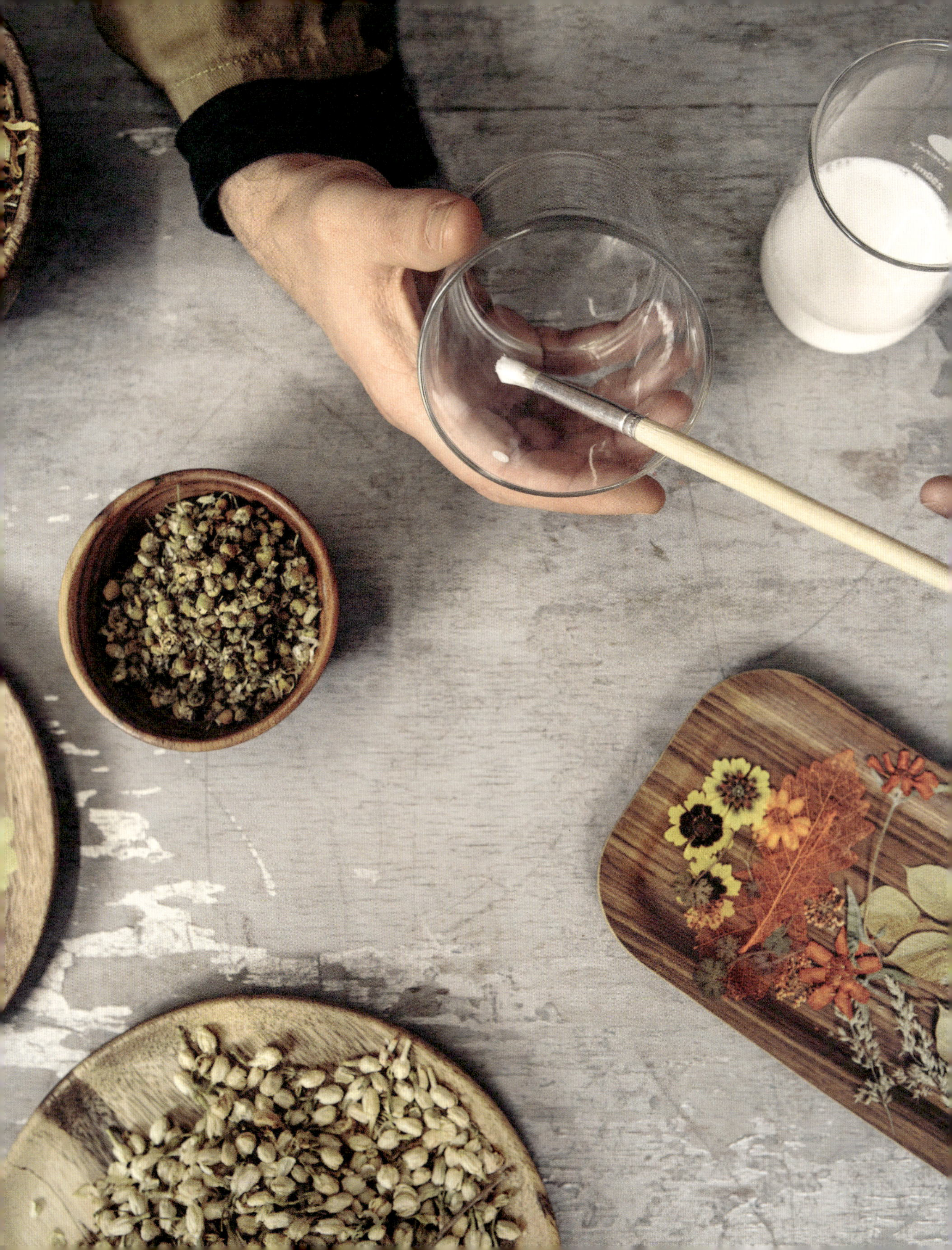

2. **Tauchen Sie den Pinsel in den Kleber und nehmen Sie damit ein Pflanzenteil auf, das Sie dann mit dem Pinsel auf dem vorbereiteten Bereich des Glases anbringen**

Verstreichen Sie den Kleber mit dem Pinsel auf dem Pflanzenteil, dabei sollte dieser flach am Gefäß anliegen. Vermeiden Sie Überlappungen von Pflanzenteilen. Bringen Sie nun alle Blüten, Blätter und Gräser auf dem vorbereiteten Bereich an, so wie Sie es zuvor überlegt hatten. Wenn Sie noch etwas ändern möchten, besteht dazu jetzt die Möglichkeit.

Nun den Docht, bei Bedarf mit einer Heißklebepistole, mittig am Gefäßboden befestigen. Man kann den Docht in einen Strohhalm stecken, um besser damit arbeiten zu können. Bereiten Sie auch die anderen Gläser vor.

Die Duftmischung abmessen (siehe Seite 52). Damit die Menge genau abgewogen werden kann, am besten eine digitale Küchenwaage oder Briefwaage verwenden.

### Tipp

*Sie können auch geschmolzenes Pflanzenwachs verwenden, um die Pflanzenteile an der Innenseite des Glases anzubringen. Tauchen Sie die Pflanzen mit einer Pinzette ins flüssige Wachs und drücken Sie sie dann mit einem Pinsel an der Innenseite fest.*

## Tipp

*Wenn Sie mit der Dekoration fertig sind, schütteln Sie das Gefäß, um festzustellen, ob sich Pflanzenteile lösen. Sollte dies der Fall sein, bringen Sie sie erneut mit mehr Klebstoff an oder verwenden Sie sie für die nächste Kerze.*

3. Wenn das Wachs geschmolzen ist und eine Temperatur von 65–75 °C erreicht hat, gießen Sie es in einen Metallkrug und stellen Sie diesen zum leichten Abkühlen beiseite. Fügen Sie etwas von der Ölmischung hinzu, sobald die Wachstemperatur konstante 65 °C hat. Beim Gießen zunächst langsam im Uhrzeigersinn umrühren, dann gegen den Uhrzeigersinn, damit sich das Öl gut im Wachs verteilt. Wir empfehlen, das Wachs dann in einen zweiten Metallkrug umzugießen und weiteres Öl auf dieselbe Weise einzurühren, um eine gleichmäßig Ölverteilung im Wachs zu erhalten.

   Wenn der Kleber getrocknet und das Wachs vorbereitet ist, können die Gläser befüllt werden.

4. Die vorbereiteten Gefäße in gleichmäßigen Abständen auf ein Tablett oder auf die mit Backpapier abgedeckte Arbeitsfläche stellen. Jedes Gefäß so platzieren, dass der Docht beim Eingießen nicht vom flüssigen Wachs überschüttet wird.

## Tipp

*Für die Dekoration können Sie Pflanzen aus Ihrem Garten verwenden. Denken Sie daran, diese zuvor zu trocknen und zu pressen. Sie können beispielsweise Ende Juli Lavendel ernten, ihn dann pressen und im Herbst in Lavendel-Duftkerzen verwenden. Legen Sie einfach die Blüten und Blätter in ein schweres Buch und lassen Sie sie trocknen. So werden sie allmählich gepresst.*

Arbeiten Sie beim Eingießen des Wachses sehr vorsichtig und achten Sie auf die Temperatur. Wenn das Wachs zu heiß ist, lösen sich die Pflanzenteile vom Glasrand.

5. Das Wachs bis zur gewünschten Höhe ins Gefäß gießen. Wir empfehlen, bis zum oberen Rand des Gefäßes 5 mm Abstand zu lassen – das ist die perfekte Höhe für den Docht, insbesondere bei Gefäßen mit Deckel. Alternativ können Sie das Gefäß auch zu drei Vierteln füllen, um es erst nach dem Aushärten weiter aufzugießen. (siehe Seite 53). Bedenken Sie, dass das Wachs bei diesen Kerzen nicht bis zum Rand abbrennen darf, damit die Dekoration intakt bleibt.

Wenn die Kerzen gegossen sind, vorsichtig die Dochte mittig im Gefäß mit Wäscheklammern fixieren. Man kann auch spezielle Dochtklammern aus Edelstahl verwenden, wenn der Durchmesser des Gefäßes größer als die Wäscheklammer ist. Die Klammer sollte gut auf dem Gefäß aufliegen, damit der Docht beim Aushärten des Wachses nicht verrutscht. Man kann ein wenig nachhelfen, indem man die Klammer fest ans Gefäß drückt und dabei den Docht etwas auf Spannung zieht.

Sollte sich beim Abrennen der Kerze ein Pflanzenteil lösen und im Wachs schwimmen, löschen Sie die Kerze und nehmen Sie es vorsichtig heraus.

## MAN BRAUCHT

**Waage** – zum Abwiegen des Wachses

**Bienenwachs** – 1,5 kg ohne Duft. Bienenwachs hat eine lange Brenndauer und einen leichten natürlichen Duft.

**2 hohe Metall- oder Aluminiumbehälter** – unsere Behälter sind 30 cm hoch und haben einen Durchmesser von 16 cm.

**Edelstahltopf** – für das Wasserbad

**Küchenthermometer** – zur Kontrolle der Wachstemperatur

**Dochte** – Sie benötigen entweder runde oder flache lange Baumwolldochte auf einer Spule zum Zuschneiden.

**Schere** – zum Zuschneiden von Dochten und Beschneiden beim Abschließen der Kerzen

**Metallmuttern** – als Gewichte am Ende der Dochte, damit die Kerzen beim Ziehen gerade werden. Alternativ mittelgroße Steine verwenden.

**Holzstab** – zum Aufhängen von Docht und Kerzen beim Tauchen

**Alte Zeitungen oder Tücher** – zum Abdecken der Arbeitsfläche

**Ein Gestell oder eine alte Kleiderstange** – zum Aufhängen der Kerzen

# KERZEN ZIEHEN

*Handgezogene Kerzen werden meist aus Bienenwachs hergestellt, also haben wir es auch hier verwendet. Ein weicheres Wachs ist für diese Art von Kerzen keine gute Wahl.*

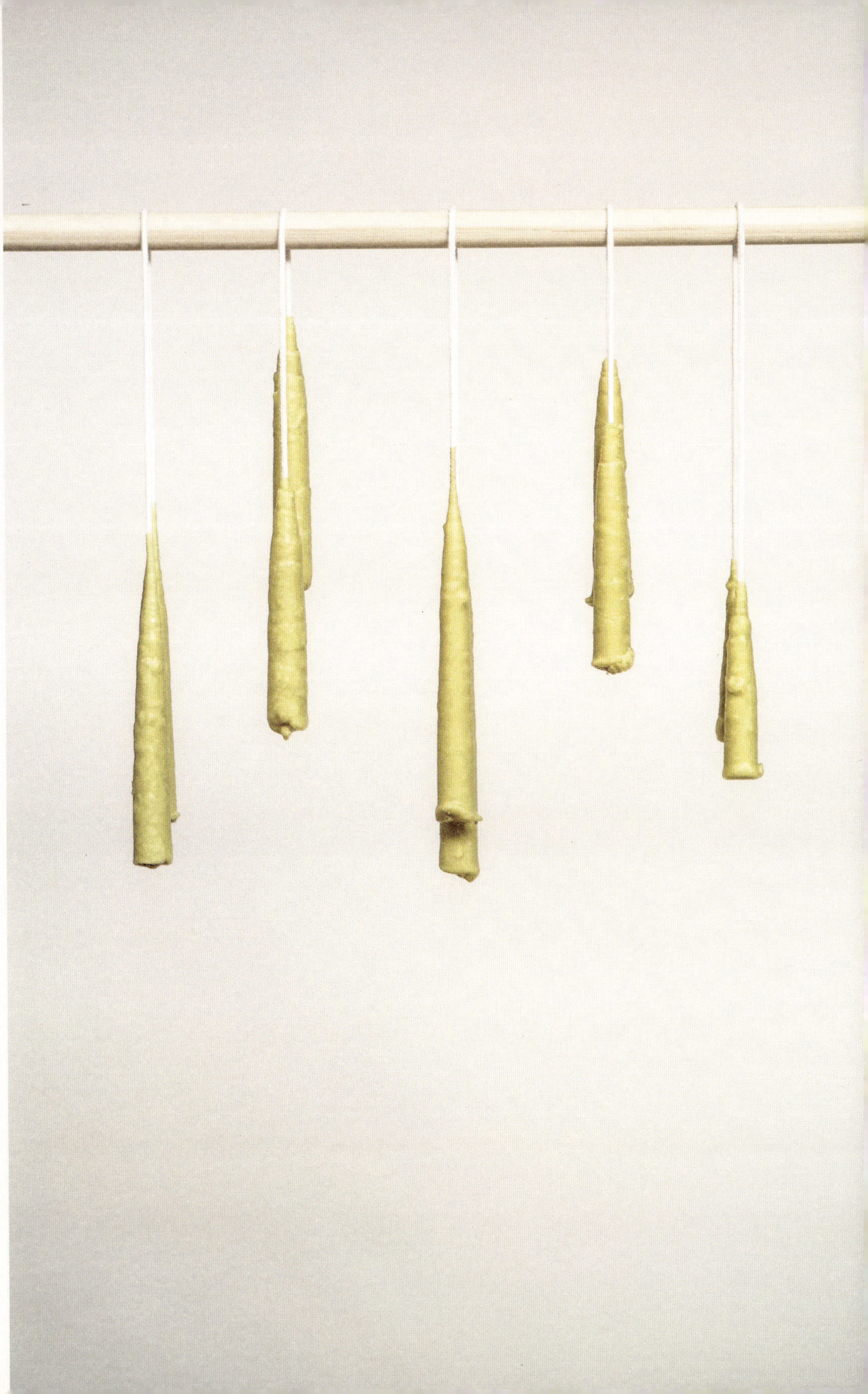

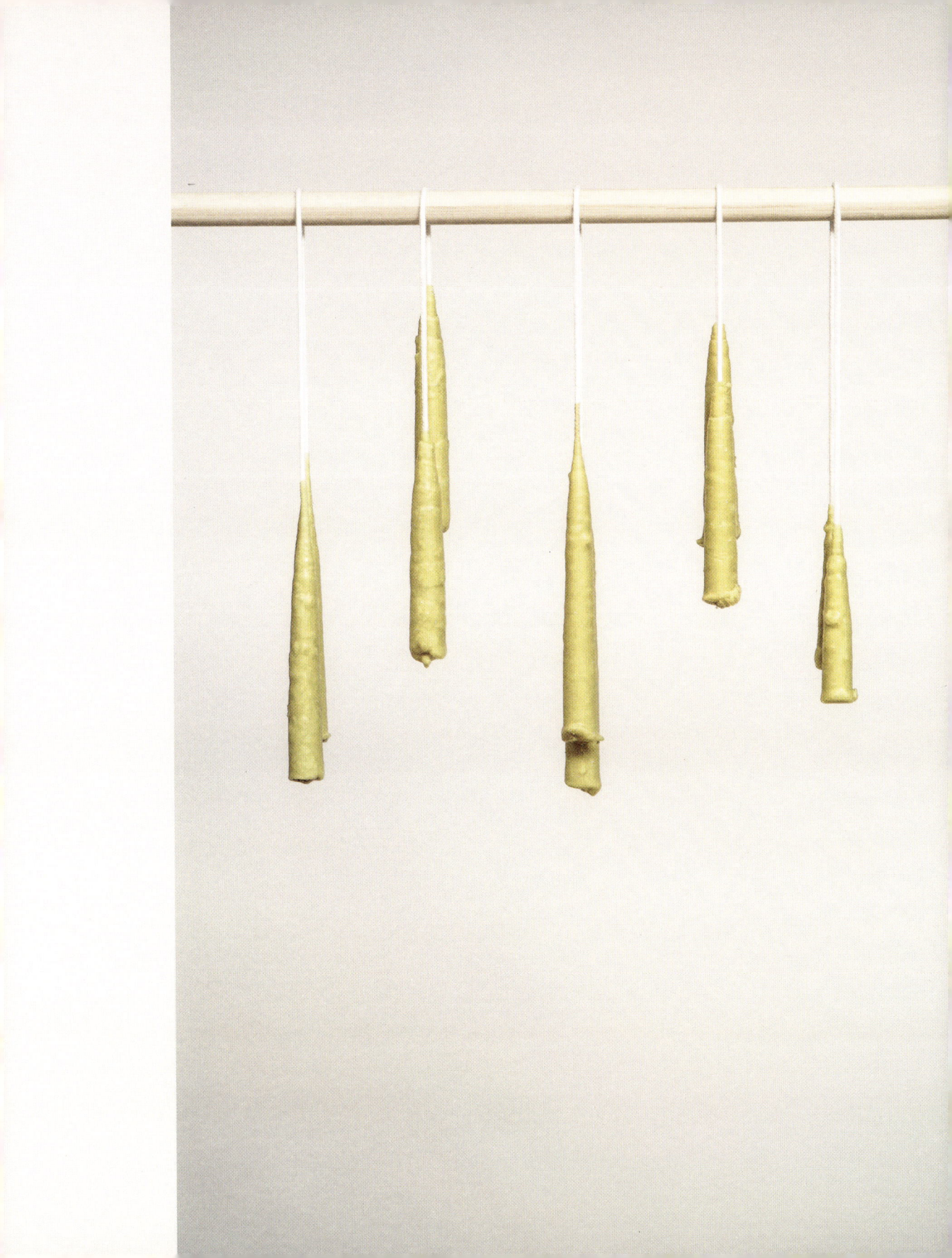

DUFTKERZEN

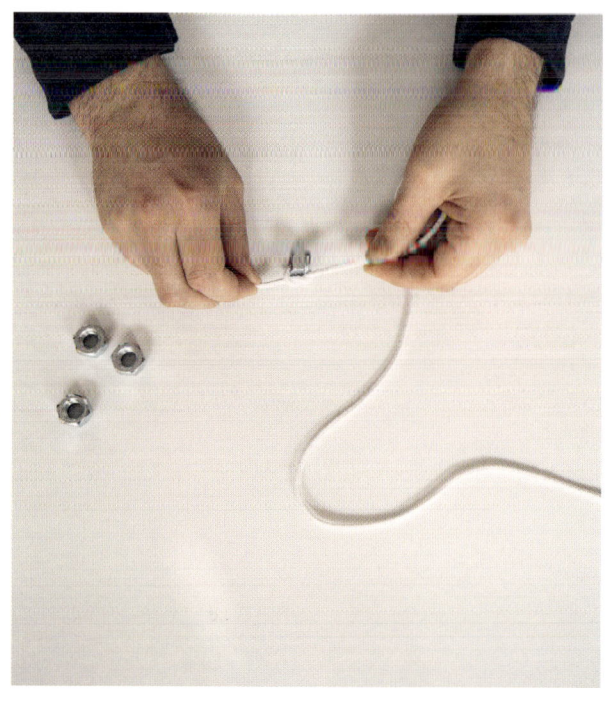

## ANLEITUNG

**Tipp**

*Möglicherweise müssen Sie die Wachsmenge je nach Höhe Ihres Behälters anpassen – die Füllhöhe des Wachses entspricht der Länge Ihrer Kerze.*

1. Wiegen Sie das Wachs ab und schmelzen Sie es in einem der hohen Behälter im Wasserbad. Halten Sie das Wachs während des gesamten Tauchvorgangs auf 75 °C. Füllen Sie in den anderen hohen Behälter kaltes Wasser.

   Beim Zuschneiden der Dochte sollten Sie darauf achten, dass sie etwas länger sind als die Behälter tief sind. Wenn Sie beispielsweise 25 cm lange Kerzen ziehen möchten, sollten Sie folgendermaßen vorgehen. Es werden immer zwei Kerzen gleichzeitig gemacht, dafür wird der Docht um den Holzstab gelegt, sodass an jedem Dochtende eine Kerze gezogen wird. Daher sollte der Docht länger sein, in unserem Fall 58–62 cm.

2. Damit der Docht beim Tauchen gerade nach unten hängt, befestigt man an jedem Ende ein Gewicht wie etwa eine Metallmutter oder einen anderen schweren Gegenstand. Man braucht sie nur zu Beginn. Wenn die Kerzen erst einmal genug Wachs angenommen haben, sind sie schwer genug und man kann die Gewichte entfernen.

**Tipp**

*Um den Kühlvorgang zu beschleunigen, verwenden Sie einen zusätzlichen hohen Behälter mit kaltem Wasser. Dadurch härtet das Wachs schneller aus.*

3. Wenn das Wachs geschmolzen ist, die Dochte die richtige Länge haben und beschwert sind, können Sie beginnen. Legen Sie Boden und Arbeitsfläche mit Papier oder Tüchern aus.

Tauchen Sie nun die beiden Dochte ins geschmolzene Wachs. Warten Sie einen Moment und ziehen Sie sie dann heraus. Lassen Sie überschüssiges Wachs abtropfen und tauchen Sie die Kerzen zum Aushärten ins kalte Wasser. Danach wieder ins Wachs tauchen. So oft wiederholen, bis die Kerzen die gewünschte Stärke haben.

Schneiden Sie die Gewichte von den Enden der Kerzen ab und tauchen Sie sie noch einige Male in Wachs und Wasser zum Versiegeln. Schneiden Sie den Docht noch nicht in der Mitte durch, sondern benutzen Sie die Schlaufe, um die Kerzen zum vollständigen Aushärten aufzuhängen.

Tipp

*Wenn Sie möchten, dass alle Kerzen gleich lang sind, müssen Sie den Behälter regelmäßig mit geschmolzenem Bienenwachs auffüllen, weil der Wachsstand allmählich sinkt.*

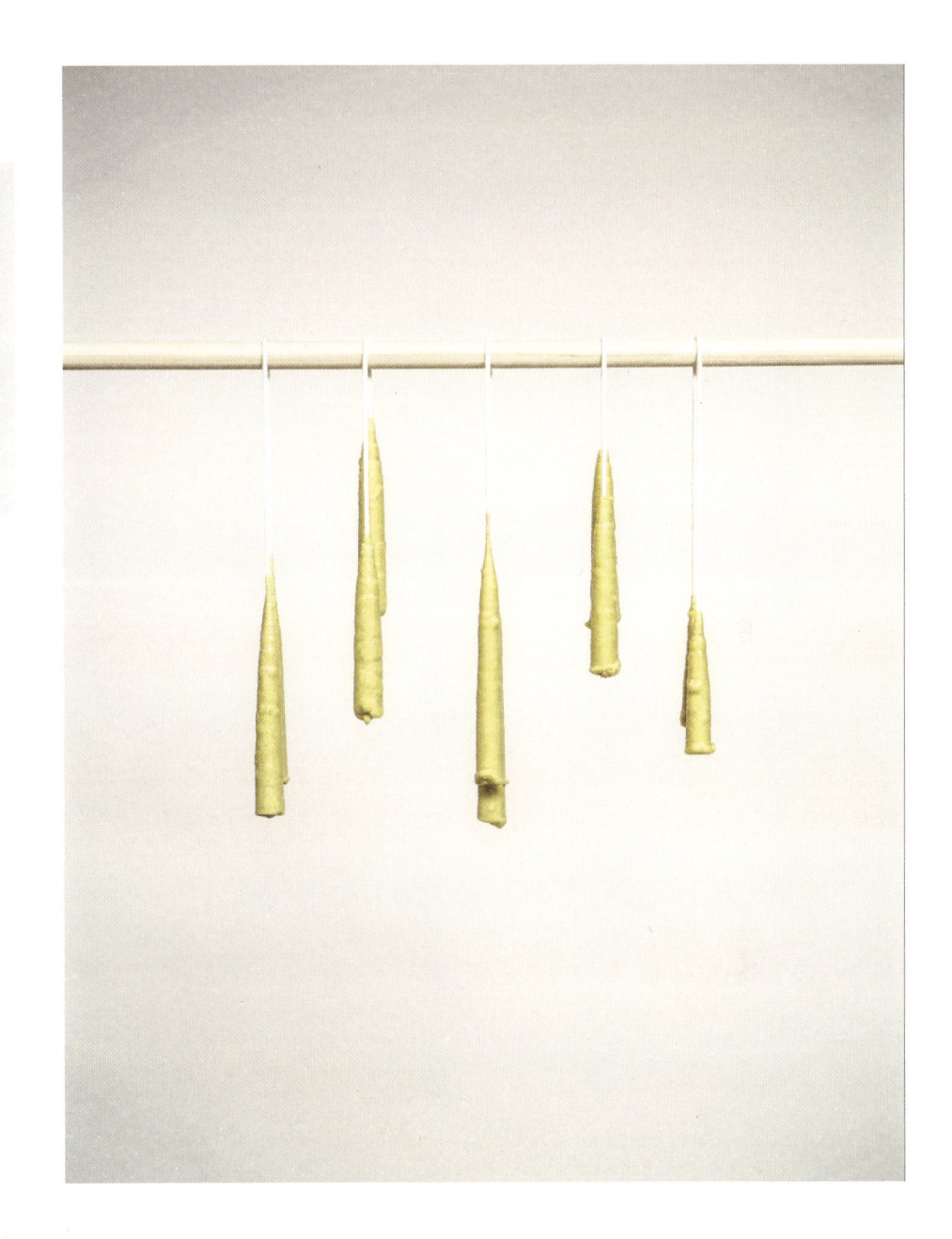

4. Hängen Sie die Kerzen paarweise auf und packen Sie sie nach dem Aushärten bis zur Verwendung ein. Schneiden D den Docht erst unmittelbar vor dem Gebrauch durch. Es könnte sein, dass die Kerzen etwas matt werden, anstatt glänzend gelb zu bleiben. Bei der Verwendung von 100 Prozent Bienenwachs kann das vorkommen, die Qualität der Kerzen wird dadurch jedoch nicht beeinträchtigt.

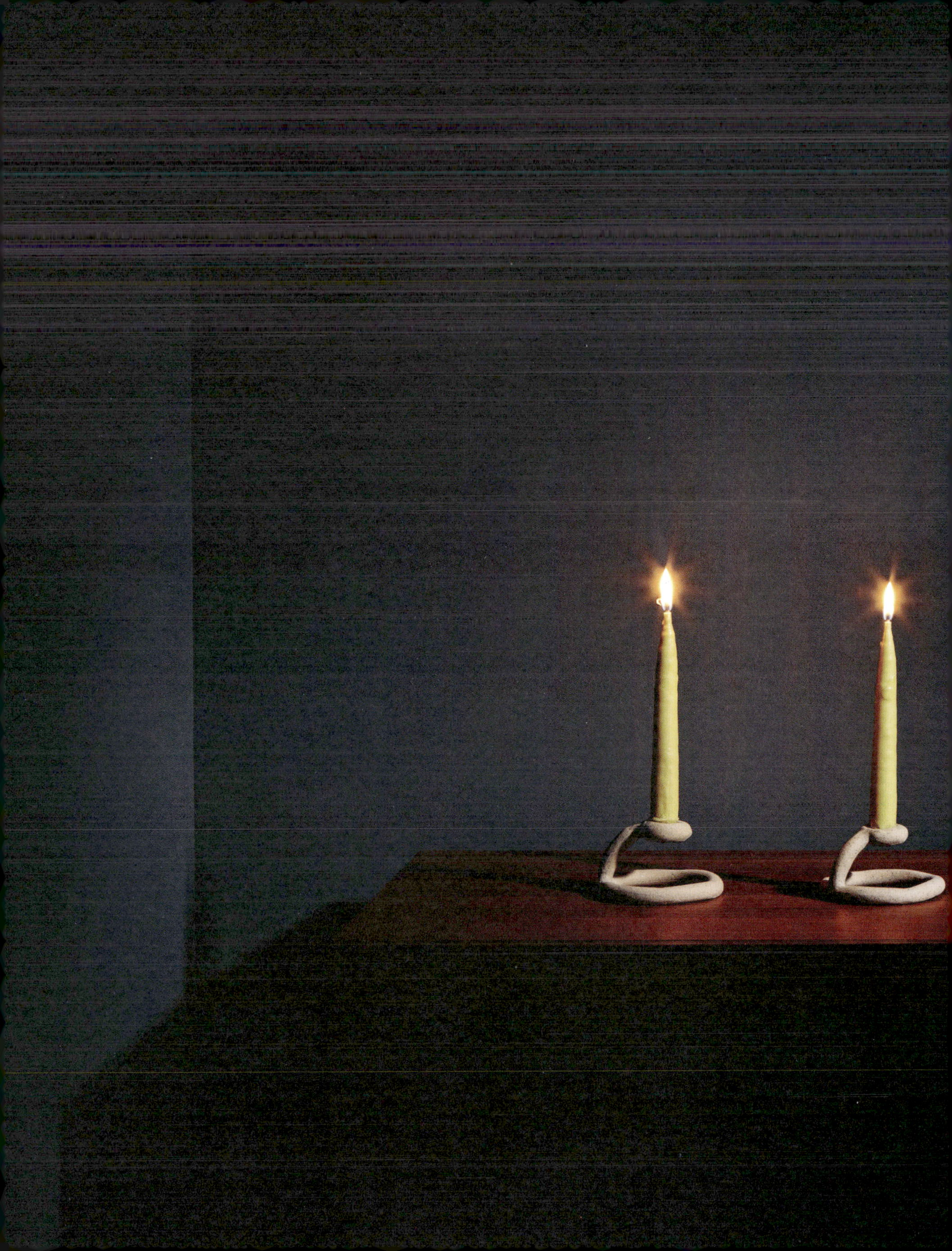

# WELLNESS-KERZEN

*Bei diesem Workshop konzentrieren wir uns ausschließlich auf den Aspekt der Aromatherapie mit ätherischen Ölen. Unsere Absicht dabei ist es, Kerzen herzustellen, die Sie energetisch unterstützen. Egal, ob Sie sich in einer Pause entspannen und beruhigen wollen oder bei einer morgendlichen Yoga-Session Belebung und Energie suchen. Diese Kerzen bestehen aus einer Kokos-Sojawachs-Mischung und 100 Prozent ätherischen Ölen.*

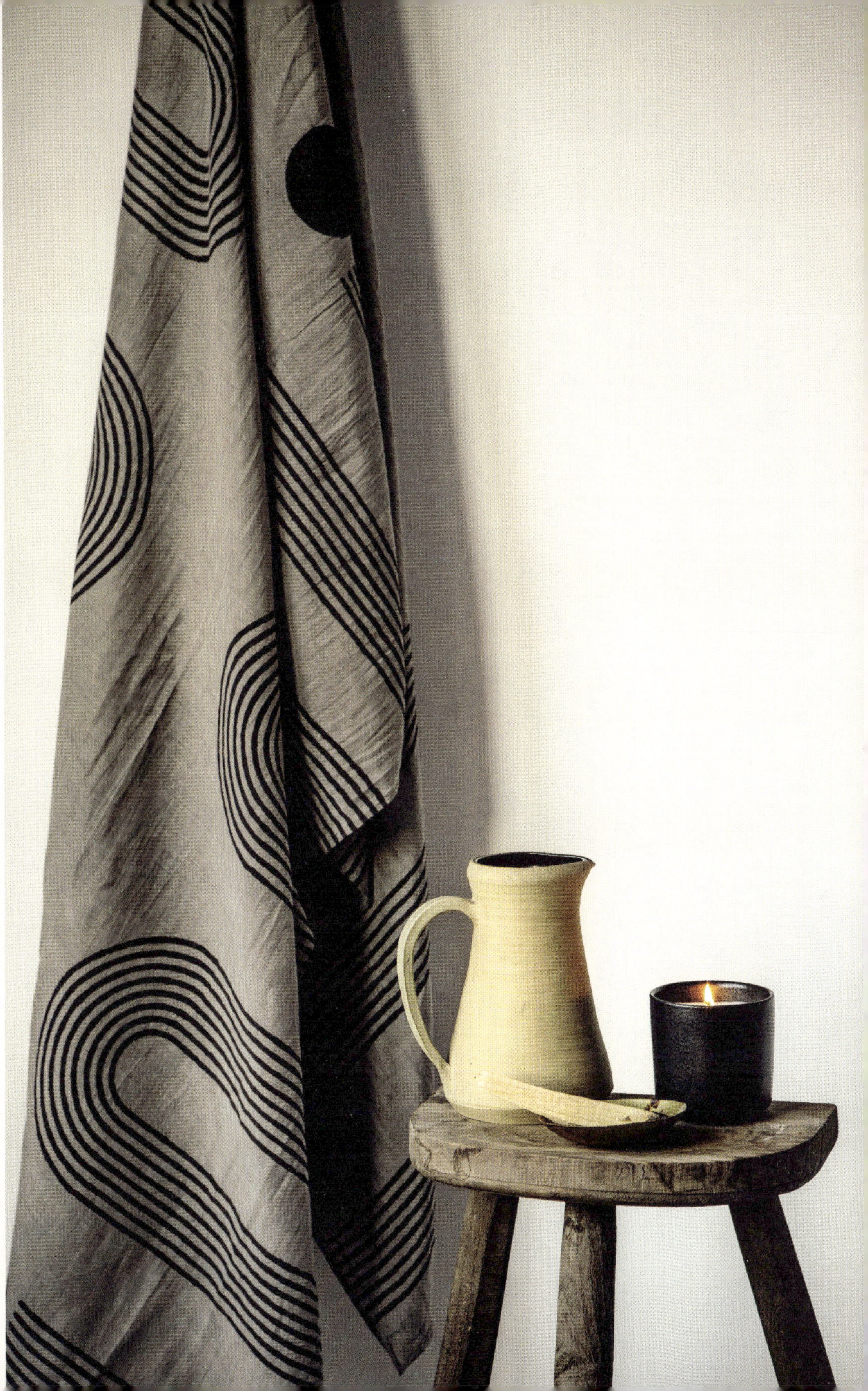

Dies ist eine Gute-Laune-Kerze. Wir wollen die Herstellung so einfach wie möglich halten, alles, was Sie dafür brauchen, finden Sie im Workshop „Einfache Gefäßkerzen" auf Seite 72–79. Weil wir einen stimmungshebenden Duft mit dieser Kerze erzeugen möchten, empfehlen wir die folgende Ölmischung.

7 g (1 1/3 Teelöffel) Lavendel

5 g (1 Teelöffel) Bergamotte

2 g (1/3 Teelöffel) Grapefruit

1 g Zitrone (1/6 Teelöffel)

1 g Pfefferminze (1/6 Teelöffel)

2 g (1/3 Teelöffel) Muskatellersalbei

Die oben genannten Mengen reichen aus, um eine 200-g-Kerze (oder zwei 100-g-Kerzen) herzustellen. Sie können die Zitrusnoten variieren, solange die Gesamtmenge gleich bleibt. Wenn Sie keinen Lavendel mögen, probieren Sie stattdessen Neroli, Jasmin oder Ylang-Ylang.

Um die Kerze herzustellen, führen Sie die Schritte von Seite 72–79 aus und verwenden Sie 200 g Wachs (je 100 g Sojawachs und Kokoswachs). Der Duft dieser Kerze ist nicht unbedingt im ganzen Raum präsent, ihre Wirkung beruht eher auf der Aromatherapie.

### Tipp

*Sie können dieselbe Mischung an ätherischen Ölen auch in einem Ultraschall-Aroma-Diffusor oder in einem Aromabrenner verwenden.*

WELLNESS-KERZEN

## HOCHZEITSKERZEN

*Ob es sich um den Ort, das Essen, das Hochzeitsprogramm oder die Geschenke handelt, Braut und Bräutigam wünschen sich etwas Individuelles, damit ihr Tag unvergesslich bleibt. Ein ganz persönlicher Duft kann dazu beitragen. Ein eigens für die Hochzeit kreierter Duft ist ein sehr persönliches Geschenk für ein Brautpaar, und da Duft und Erinnerung so eng miteinander verbunden sind, bleibt dieser Tag damit stets in Erinnerung.*

*Wir haben mit einer Reihe von Paaren individuelle Düfte für ihren Hochzeitstag entwickelt. Der Duft, den Sie kreieren, kann ein Duft für die Feier selbst, eine duftende Dekoration für die Festtagstafel oder natürlich ein ganz persönliches Hochzeitsgeschenk sein.*

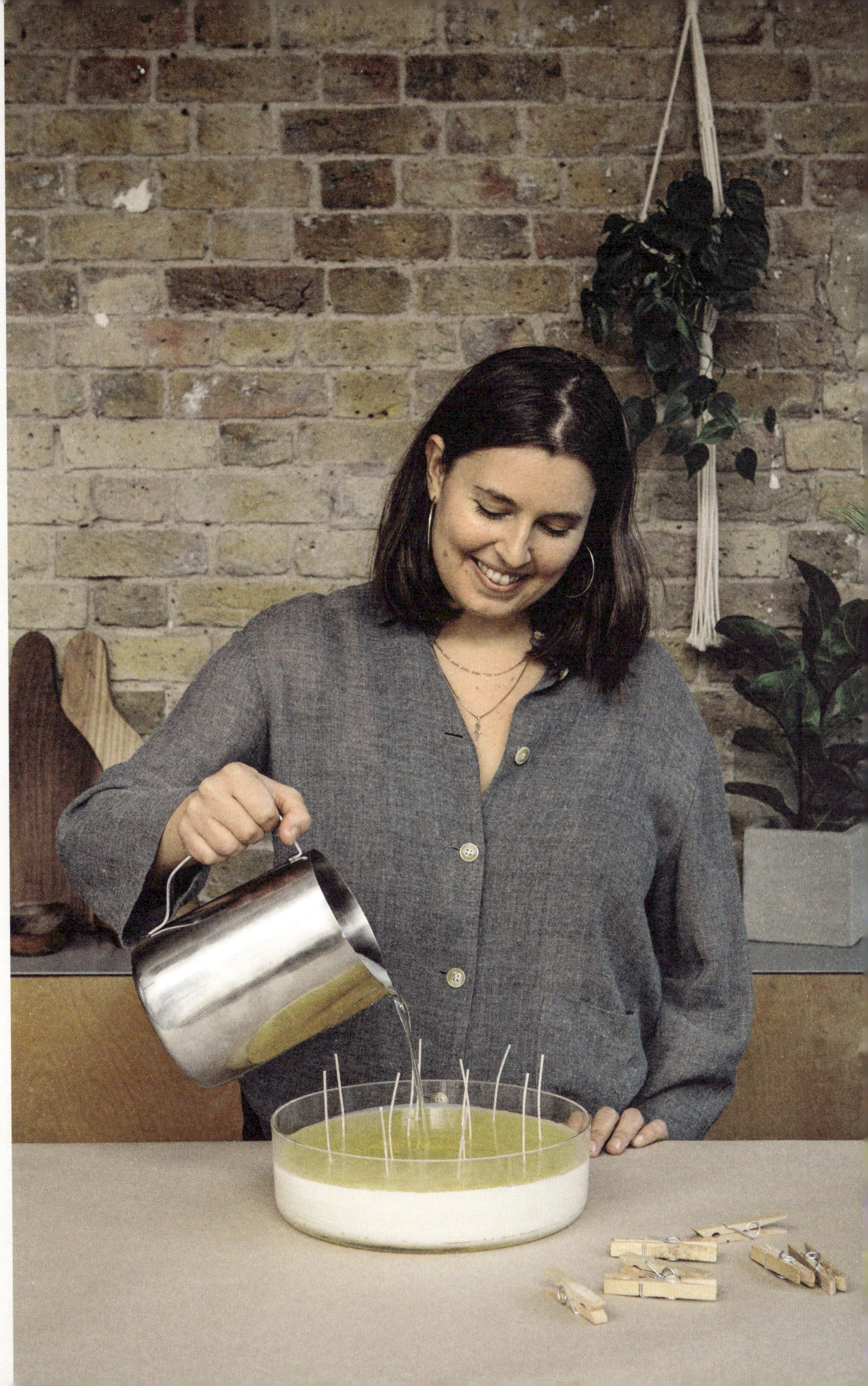

# DUFTENTWICKLUNG

Kreieren Sie zunächst Ihren eigenen Duft. Dazu überlegen Sie sich ein ganz persönliches Konzept. Wie in Kapitel 3 „Einen Duft entwickeln" beschrieben, denken Sie an die Geschichte, die Sie erzählen und die Erinnerungen, die Sie erwecken möchten. Sie können sich von Ihrem ersten Rendezvous, dem Ort, an dem Sie sich verlobt haben oder Ihrem ersten gemeinsamen Urlaub inspirieren lassen. Oder aber, sie nehmen die Hochzeits-Location als Inspirationsquelle.

Das Konzept können Sie als Paar erarbeiten oder Sie geben es als Aufgabe an Freunde vor der Hochzeit weiter. Lassen Sie sich vom Ergebnis überraschen.

Wenn Sie im Frühjahr oder Sommer heiraten und etwas entwickeln wollen, das zu der Location passt, ziehen Sie grüne Düfte wie geschnittenes Gras, Wacholder, Basilikum, Minze oder Apfelnoten in Betracht. Wenn Sie eher eine romantische Geschichte erzählen möchten, erwägen Sie Blüten und Blumen wie Rose, Maiglöckchen, Jasmin und Geranie.

Für maritime Düfte versuchen Sie eine Kombination aus Pfefferminze, Eukalyptus, Birne, Lilie, Minze und Limette.

Für Düfte, die Erinnerungen an warme Sommertage wecken, denken Sie an Zitrusnoten wie Zitronen- und Orangenblüte, blumige Noten wie Sonnenblume und Ylang-Ylang oder trockene Düfte wie Zedernholz und Jasmin.

### Tipp

*Da Duft und Erinnerung sehr eng miteinander verbunden sind, könnten Sie den Hochzeitsduft für Ihre Gäste in kleine Gefäße wie Fläschchen abfüllen oder ihn als Reisekerze (siehe Seite 110) mit nach Hause geben. Das ist ein schönes Geschenk vom Hochzeitspaar.*

HOCHZEITSKERZEN 105

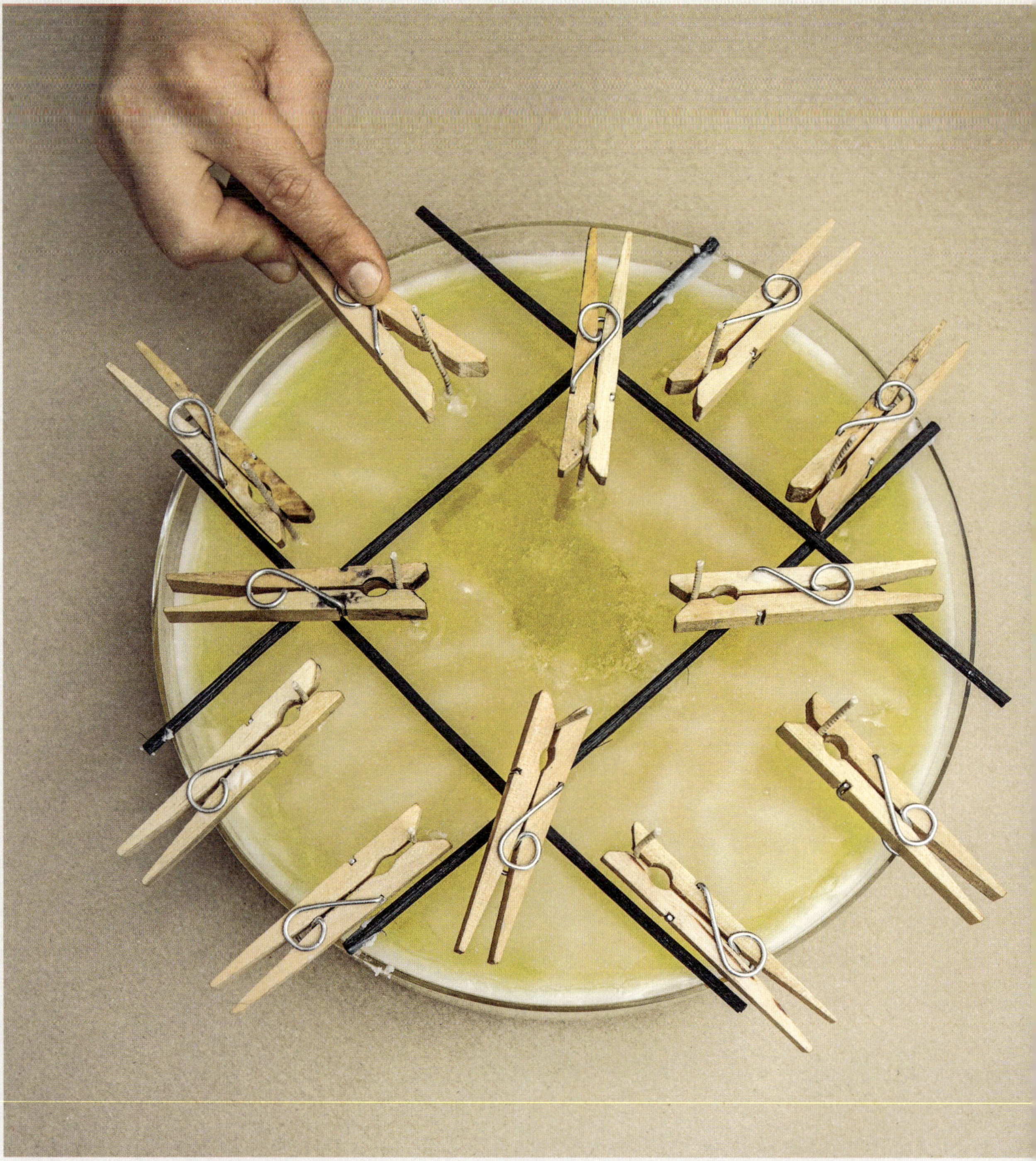

## PRUNKSTÜCK

Anhand der Anleitung für einfache Gefäßkerzen (siehe Seite 72) können Sie eine ganz besondere Kerze in einem Gefäß herstellen, das eine besondere Bedeutung für Sie hat. Sie können es nach der Hochzeit aufbewahren und noch Jahre später wiederverwenden. Das kann zum Beispiel ein Flohmarkt-Schnäppchen sein oder eine Schale Ihrer Eltern, die Sie seit Ihrer Kindheit kennen. Indem Sie dieses Gefäß immer wieder einmal mit dem Duft Ihrer Hochzeit füllen, wird es eine ständige Erinnerung an Ihren besonderen Tag sein. Folgen Sie den Anweisungen auf Seite 46–50, wenn Sie das Gefäß auswählen. Sollte es durchsichtig sein, könnten Sie es mit Pflanzenteilen dekorieren, die im Brautstrauß oder in der Blumendeko verwendet und anschließend gepresst und getrocknet wurden (siehe Seite 88).

In einem großen Gefäß verwenden Sie am besten mehrere Dochte, die Sie zuvor getestet haben (siehe Seite 45). Nur so können Sie sicherstellen, dass Sie die passenden Dochte richtig platzieren. Wenn das ausgewählte Gefäß besonders groß ist, können Sie sich spezielle Dochtklammern anschaffen, oder, so wie wir, improvisieren.

Alternativ können Sie auch vor der Hochzeit mit Ihren Freunden zusammen Stabkerzen selbst ziehen (siehe Seite 90).

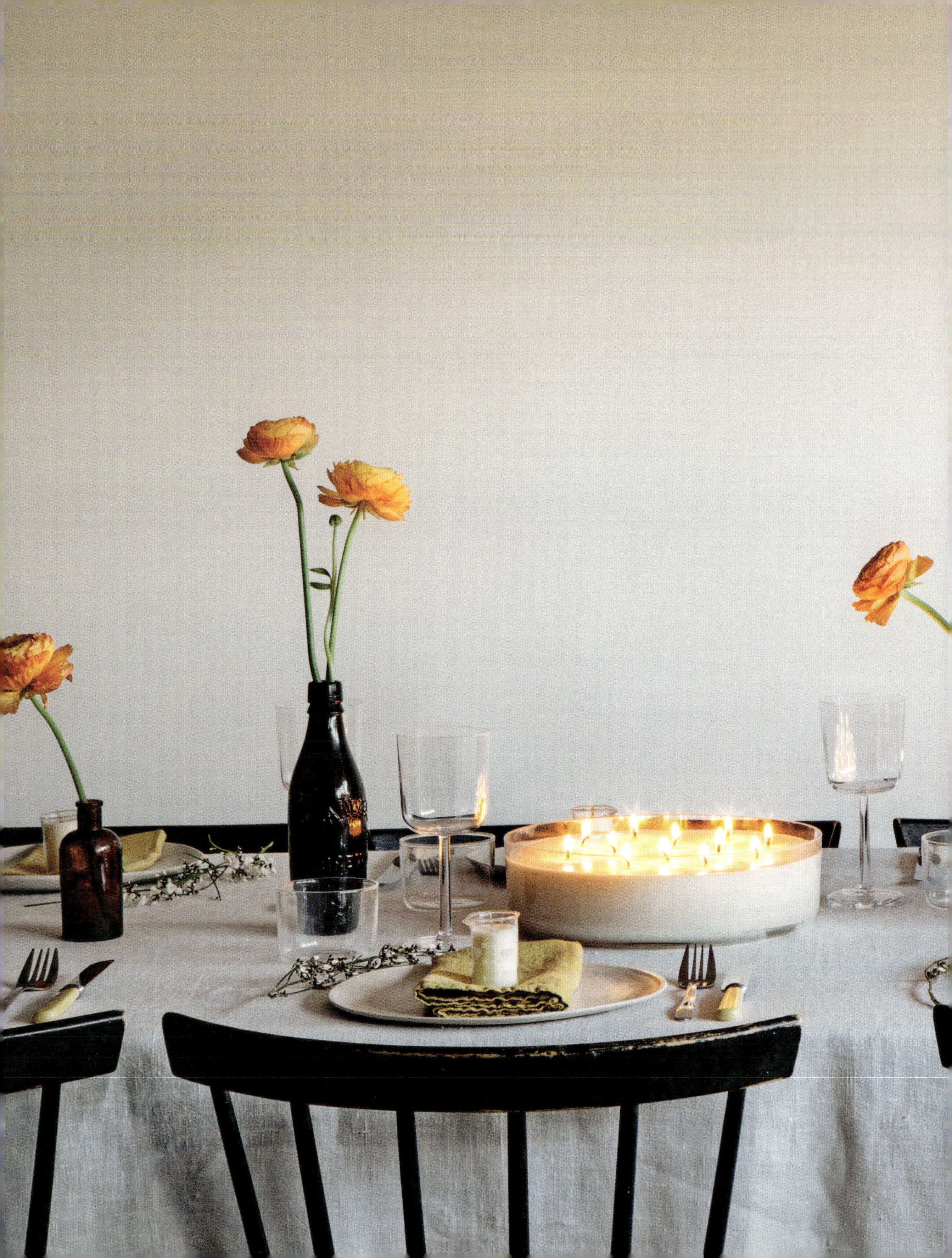

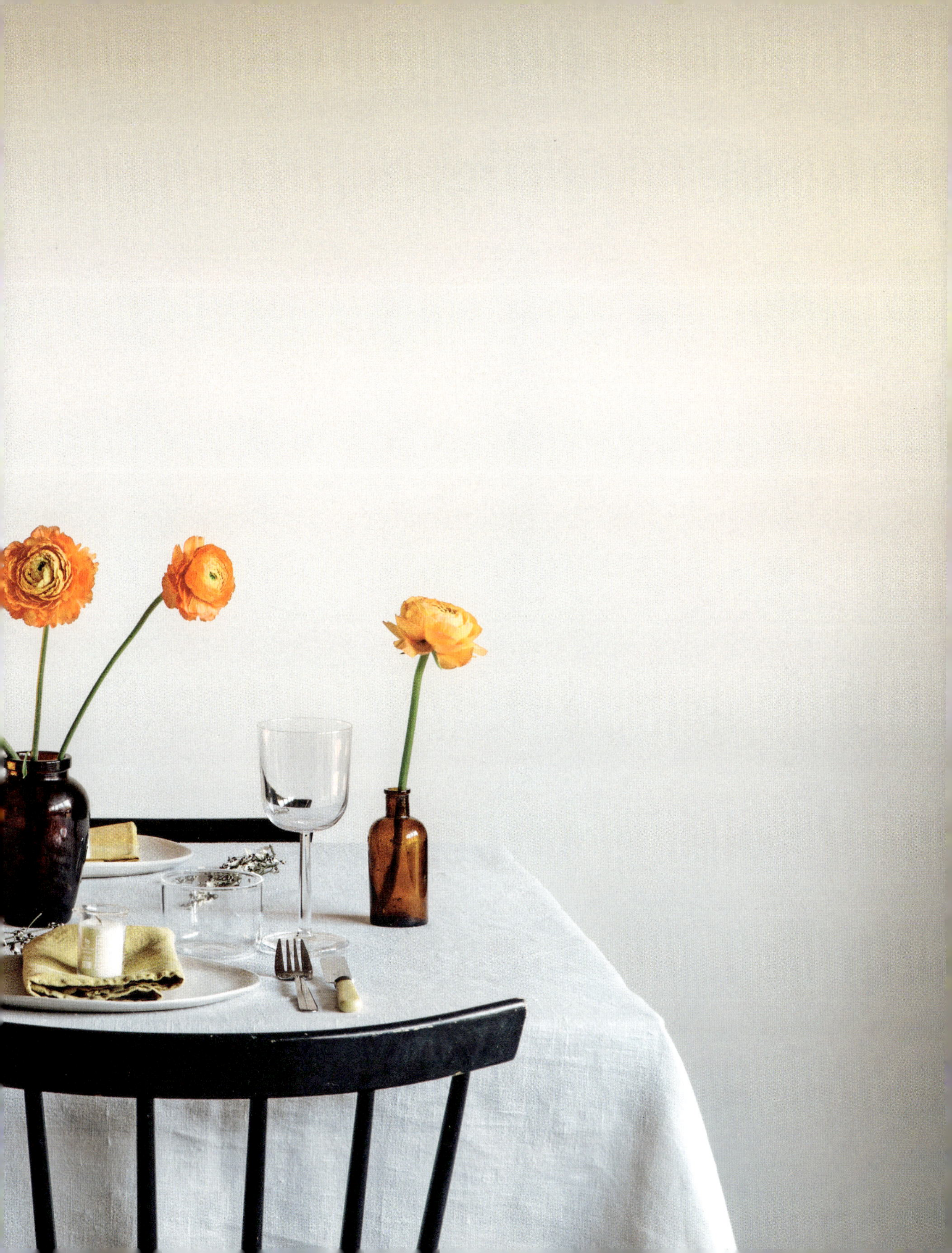

## MAN BRAUCHT

**Kerzen-Set** – siehe Seite 54

**Pflanzenwachs** – wie Soja, Raps oder Kokos. Für 5 Kerzen benötigen Sie etwas mehr als 500 g.

**Ölmischung** – je nach Duft und Öl benötigen Sie 6–12 Prozent der Wachsmenge.

**Dochte** – die Größe richtet sich nach dem Durchmesser des Gefäßes (siehe Seite 40–43).

**Gefäße** – für dieses Projekt benötigen Sie Gefäße für 100 g Wachs.

# REISEKERZEN

*Reisen ist unsere ganz eigene Inspirationsquelle für Düfte. Nahezu alle Düfte, die wir kreieren gehen auf die Erinnerungen an einen bestimmten Ort zurück. Viele Menschen möchten sich aber auf Reisen gern zu Hause fühlen, und wie kann man das besser erreichen als mit einem gewohnten Duft zum Mitnehmen? Im Folgenden geben wir Ihnen Tipps dafür, wie Sie einen Duft kreieren, der Ihnen ein Gefühl von Zuhause vermittelt, unabhängig davon, wo Sie gerade sind.*

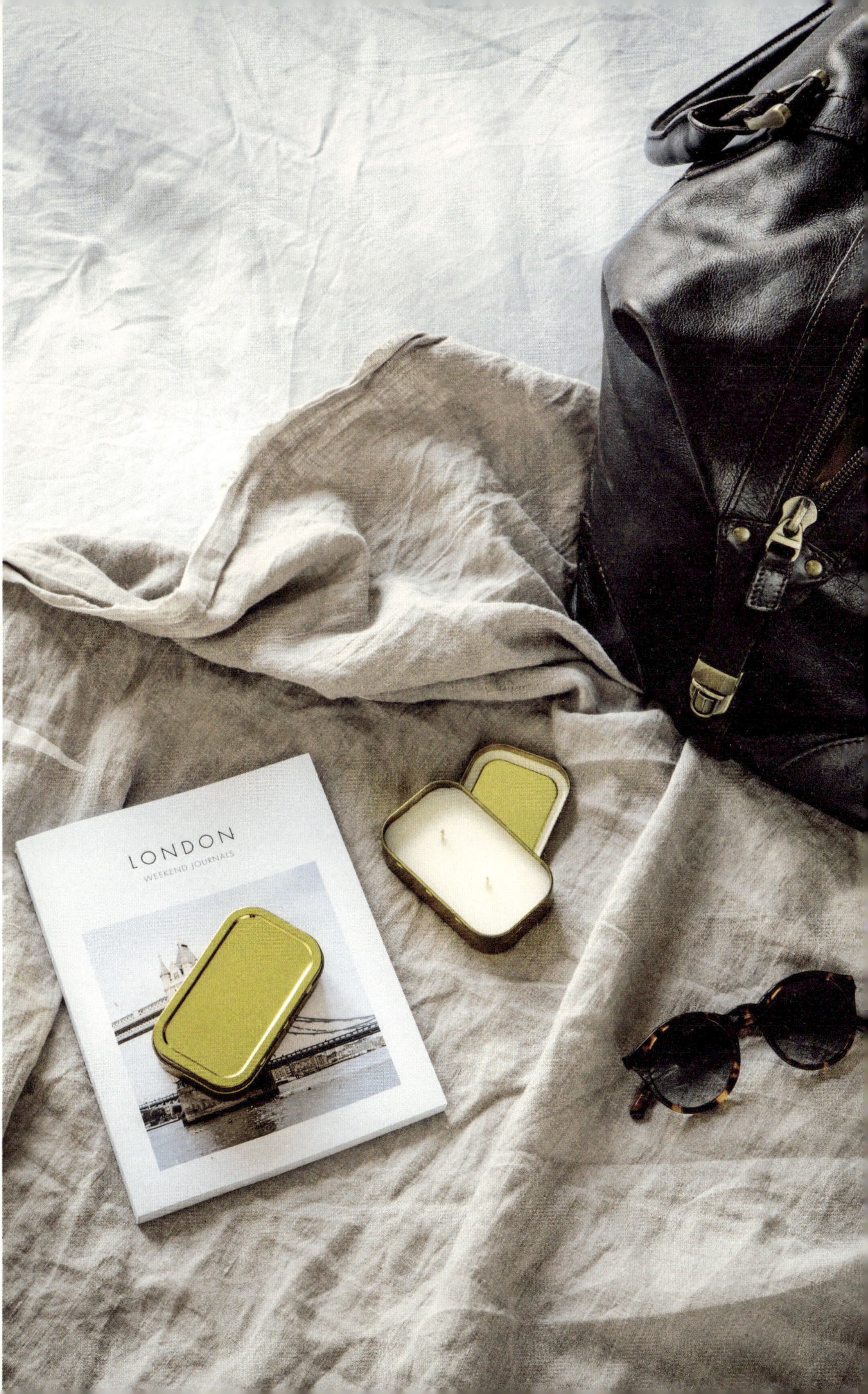
LONDON
WEEKEND JOURNALS

Für die meisten Menschen ist das Zuhause ein Ort zum Entspannen, Energie tanken und Wohlfühlen.

Unter diesem Aspekt haben wir einen Duft kreiert, der Ihnen ein Gefühl von Sicherheit und Geborgenheit vermittelt, während Sie unterwegs sind.

Sie können diesen Ansatz auch umkehren und einen Duft kreieren, der Sie an einen besonders schönen Urlaub erinnert. Lesen Sie im Kapitel über Duft und Erinnerung nach und erstellen Sie ein Konzept, um herauszufinden, welche Düfte die gewünschten Gefühle und Erinnerungen in Ihnen wecken.

Diese Kerze wird aus Pflanzenwachs und 100 Prozent ätherischen Ölen hergestellt. Es ist dieselbe Herstellungsmethode wie bei „Einfachen Gefäßkerzen" (Seite 72), der einzige Unterschied besteht darin, die Mengen zu verringern, um eine kleinere Kerze für Ihr Handgepäck zu gießen.

Wir empfehlen Ihnen die folgende Ölmischung.

5 g (1 Teelöffel) Lavendel

3 g ($^1/_2$ Teelöffel) Kamille

2 g ($^1/_3$ Teelöffel) Rosmarin

Wenn Sie möchten, ersetzen Sie Kamille durch Majoran oder fügen Sie Ingwer oder Sandelholz hinzu. Der Duft hilft dann beim Stressabbau und erhält mehr Tiefe. Für die ultimative Entspannung fügen Sie Baldrian hinzu. Schlafen Sie gut, aber lassen Sie Ihre Kerze nicht unbeaufsichtigt!

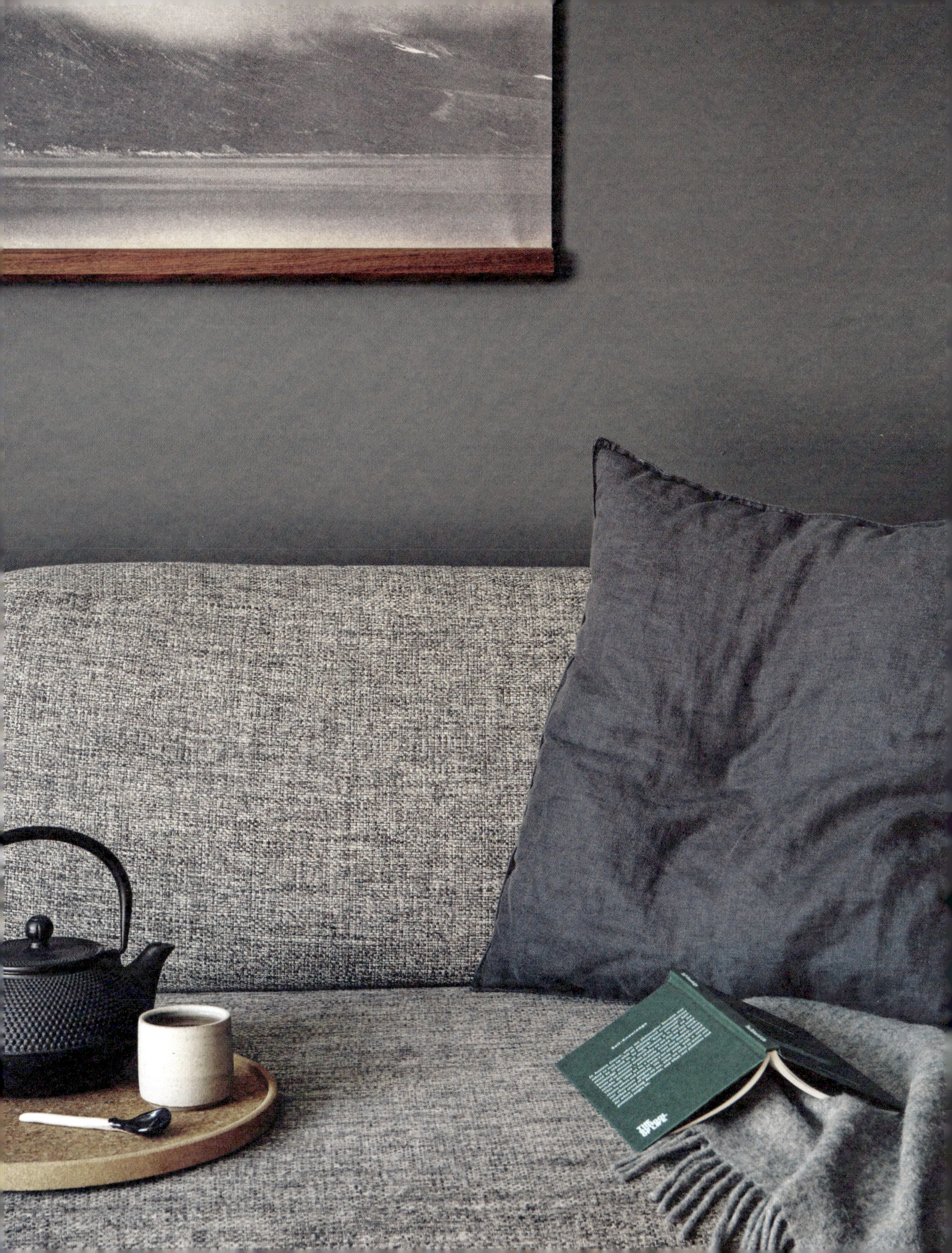

DUFTKERZEN

## ANLEITUNG

1. Zunächst wiegen Sie das Wachs ab und geben es in einen hitzebeständigen Behälter über köchelndem Wasser im Topf. Überwachen Sie die Wachstemperatur ständig mit einem Küchenthermometer. Nicht überhitzen.

2. Während das Wachs ganz langsam schmilzt, Ölmischung und Gefäße vorbereiten.

    Dafür den Docht bei Bedarf mit einer Heißklebepistole mittig am Gefäßboden befestigen. Man kann den Docht in einen Strohhalm stecken, um leichter damit arbeiten zu können.

    Die Duftmischung abmessen. Damit die Menge genau abgewogen werden kann, am besten eine digitale Küchenwaage oder Briefwaage verwenden.

3. Wenn das Wachs geschmolzen ist und eine Temperatur von 65–75 °C erreicht hat, gießen Sie es in einen Metallkrug und stellen Sie diesen zum leichten Abkühlen beiseite. Fügen Sie etwas von der Ölmischung hinzu, sobald die Wachstemperatur konstante 65 °C hat. Beim Gießen zunächst langsam im Uhrzeigersinn umrühren, dann gegen den Uhrzeigersinn, damit sich das Öl gut im Wachs verteilt. Wir empfehlen, das Wachs dann in einen zweiten Metallkrug umzugießen und weiteres Öl auf dieselbe Weise einzurühren, um eine gleichmäßig Ölverteilung im Wachs zu erhalten.

    Die vorbereiteten Gefäße in gleichmäßigen Abständen auf ein Tablett oder auf die mit Backpapier abgedeckte Arbeitsfläche stellen. Jedes Gefäß so platzieren, dass der Docht beim Eingießen nicht vom flüssigen Wachs überschüttet wird. Der Wachsstrahl sollte beim Gießen nicht unterbrochen werden und das Wachs sollte nicht spritzen.

    Das Wachs bis zur gewünschten Höhe ins Gefäß gießen, wir empfehlen, bis zum oberen Rand des Gefäßes 5 mm Abstand zu lassen – das ist die perfekte Höhe für den Docht, insbesondere bei Gefäßen mit Deckel. Alternativ können Sie das Gefäß auch zu drei Vierteln füllen, um es erst nach dem Aushärten weiter aufzugießen.

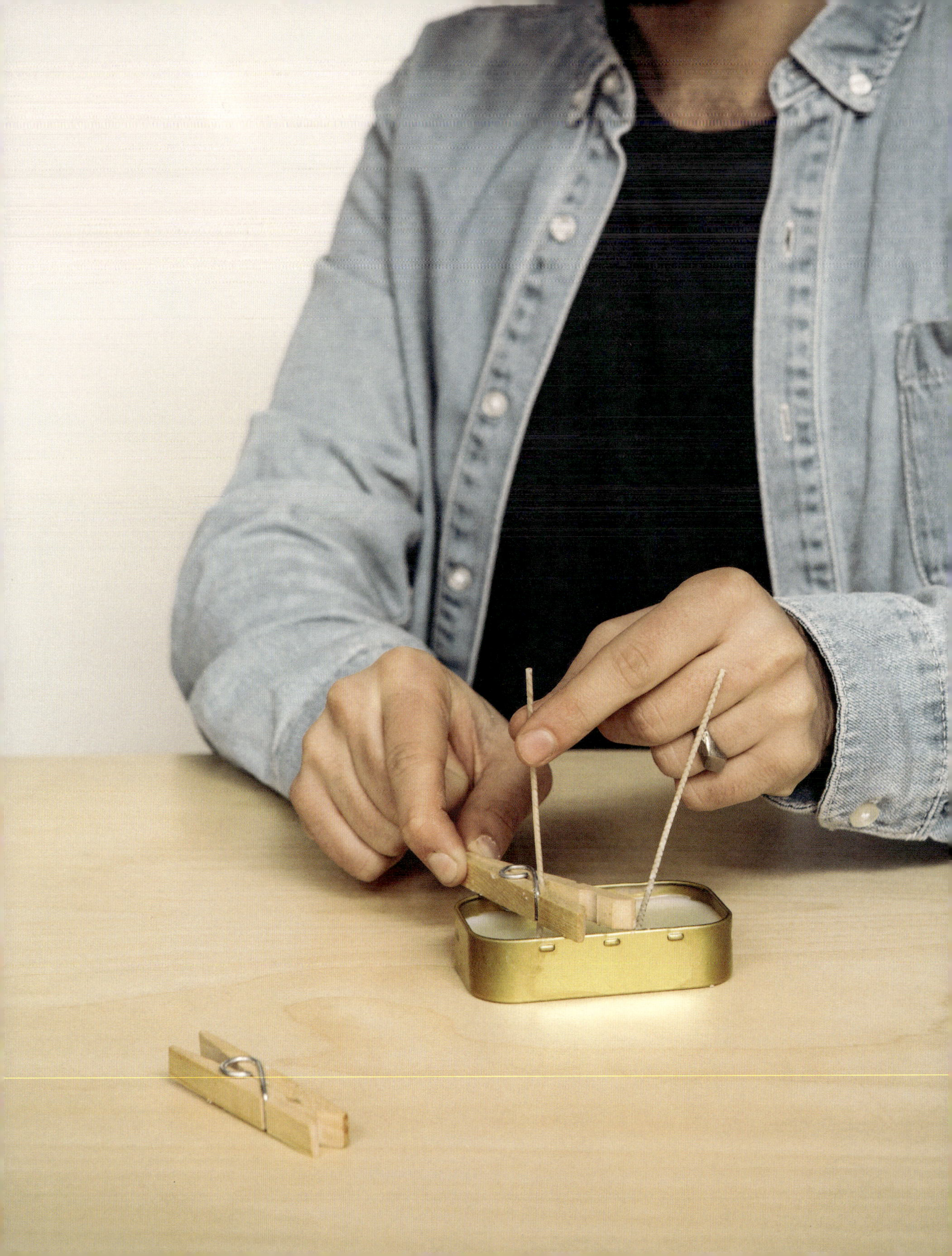

4. Wenn die Kerzen gegossen sind, vorsichtig die Dochte mittig im Gefäß mit Wäscheklammern fixieren. Man kann auch spezielle Dochtklammern aus Edelstahl verwenden, wenn der Durchmesser des Gefäßes größer als die Wäscheklammer ist. Die Klammer sollte gut auf dem Gefäß aufliegen, damit der Docht beim Aushärten des Wachses nicht verrutscht. Man kann ein wenig nachhelfen, indem man die Klammer fest ans Gefäß drückt und dabei den Docht etwas auf Spannung zieht.

5. Lassen Sie die Kerzen vollständig abkühlen und aushärten. Anschließend die Klammer entfernen. Das Gefäß bei Bedarf rundum säubern und den Docht auf die richtige Länge kürzen. Die Kerzen für 48 Stunden beiseitestellen.

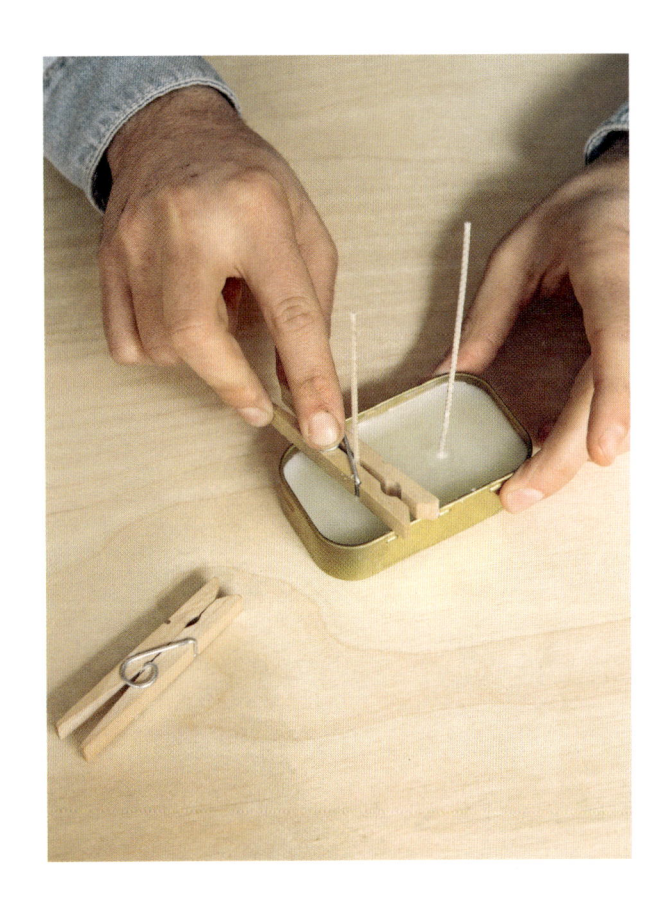

Tipp

*Die Öl-Duft-Mischung für die Reise können Sie auch in einem Diffusor zerstäuben, den sie mit ätherischer Ölmischung und Wasser befüllen. So können Sie auf Ihrer Reise wunderbar entspannen.*

# FESTLICHE KERZEN

*Kerzen sind etwas für jeden Tag, nicht nur für Weihnachten. Es versteht sich von selbst, dass sie sich ganz wunderbar als Geschenke eignen. Und an langen Abenden gibt es nichts Schöneres, als auf dem Sofa mit einer Duftkerze die festliche Stimmung zu genießen.*

Wenn Sie Weihnachtsstimmung erzeugen möchten, können Sie „Botanische Kerzen" herstellen, wie wir sie in unserem Workshop beschreiben (siehe Seite 80). Wenn Sie jedoch eher einen minimalistischen Stil bevorzugen und Ihnen nicht so viel an Deko liegt, schlagen wir Ihnen „Einfache Gefäßkerzen" vor (siehe Seite 72).

Diese Weihnachtskerze wird aus Pflanzenwachs hergestellt. Weil der Duft den ganzen Raum erfüllen soll, arbeiten wir mit einer Mischung aus naturidentischen und ätherischen Ölen.

Ein Vorschlag für einen Weihnachtsduft ist die folgende traditionelle Mischung. Wenn Sie den Duft zusammenstellen, ziehen Sie das Duftrad von Seite 62 und die Duftpyramide von Seite 66 hinzu.

**Kopfnoten:** Orange und Kiefer

**Herznoten:** Ingwer, Zimt und Nelke

**Basisnoten:** Fichte und Sandelholz

Als Weihnachtsdekoration passen getrockneter Rosmarin, Fenchel oder Farn. Sie können auch das rote Blatt eines Weihnachtssterns als festliche Dekoration verwenden. Mit getrockneten Pflanzen lässt sich wunderbar ein großes, durchsichtiges Gefäß dekorieren, sie sollten jedoch immer die richtige Dochtgröße im Hinterkopf behalten (siehe Seite 83). Die Kerze darf nicht bis zum Rand des Gefäßes abbrennen, denn dann würde die Dekoration verbrennen.

### Tipp

*Man kann den Duft auch in die einzelnen Komponenten aufteilen, in separate Kerzen gießen und einzeln abbrennen. Wenn man die Kerzen zusammen abbrennt, erzeugen sie eine sehr intensive vorweihnachtliche Stimmung. Separat verarbeitet können Sie außerdem für die ganze Familie Geschenke zaubern, ohne dass jeder denselben Duft bekommt.*

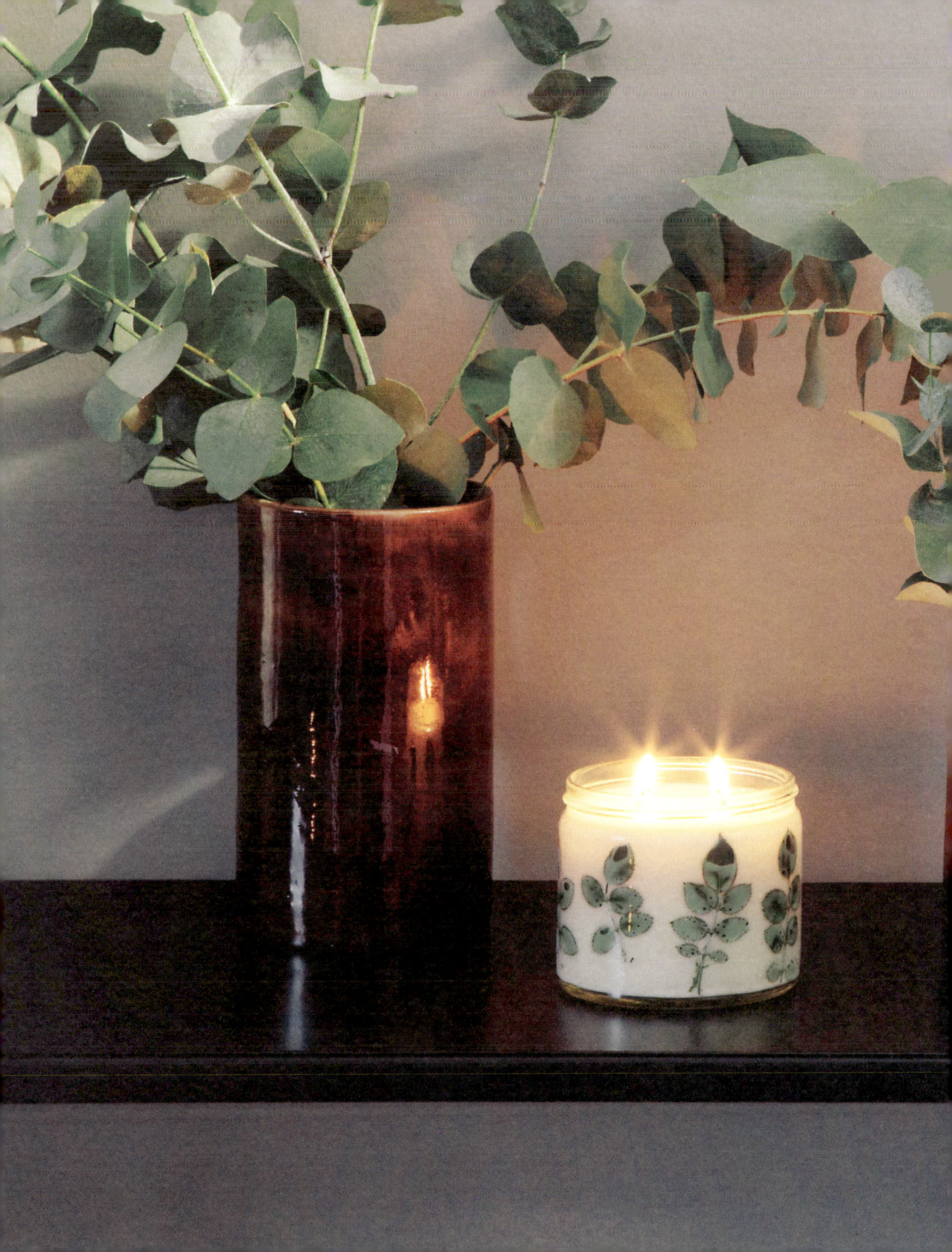

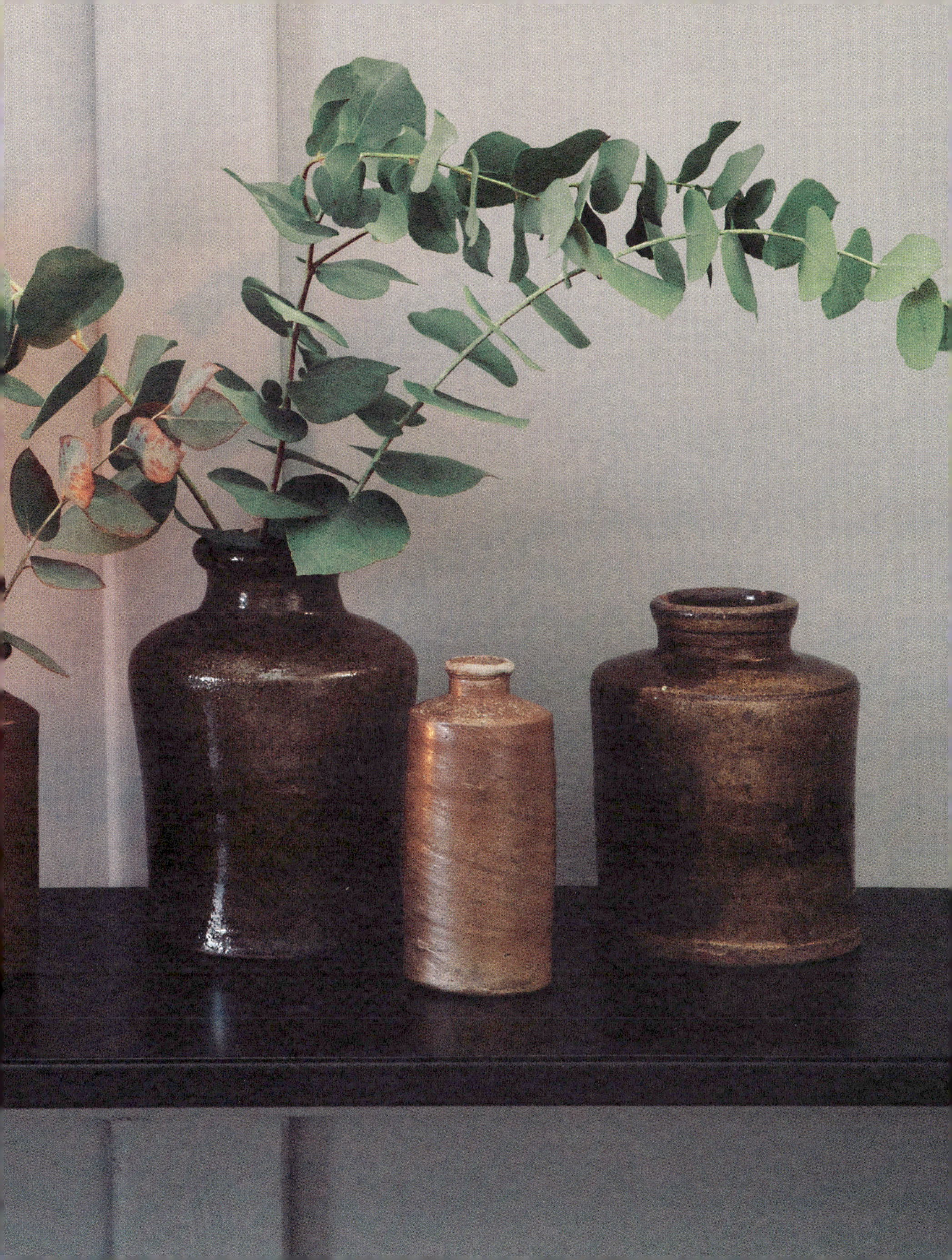

## JAHRESZEITLICHE DÜFTE

*Ein Geruch kann Sie an einen bestimmten Ort und eine bestimmte Zeit zurückversetzen und Sie an eine bestimmte Jahreszeit erinnern. Bei einer Weihnachtskerze zum Beispiel lassen Düfte wie Nelke oder Zimt eine festliche und winterliche Stimmung aufkommen. Nach diesem Muster haben wir Düfte für jede Jahreszeit entwickelt.*

*In diesem Workshop geben wir Ihnen Anregungen, um für jede Jahreszeit eine passende Kerze zu kreieren. Sie müssen natürlich nicht ausschließlich in dieser Jahreszeit abgebrannt werden, vielleicht möchten Sie ja auch viel lieber im Winter an warme Sommerabende erinnert werden.*

*Führen Sie Arbeitsschritte aus dem Workshop „Einfache Gefäßkerzen" aus (siehe Seite 72). Sie können auch eine andere Art von Wachs verwenden, zum Beispiel Raps-, Bienen-, Kokoswachs oder eine Mischung davon. Bedenken Sie, dass einige dieser Wachse einen starken Eigenduft haben, der mit Ihrem Geruchsprofil in Konflikt kommen kann. Wenn ein bestimmtes Wachs nicht mit dem Duft harmoniert, den Sie kreieren möchten, verwenden Sie lieber Soja- oder Rapswachse, die geruchlos sind.*

*Auf den folgenden Seiten finden Sie einige Anregungen für jahreszeitliche Düfte.*

JAHRESZEITLICHE DÜFTE

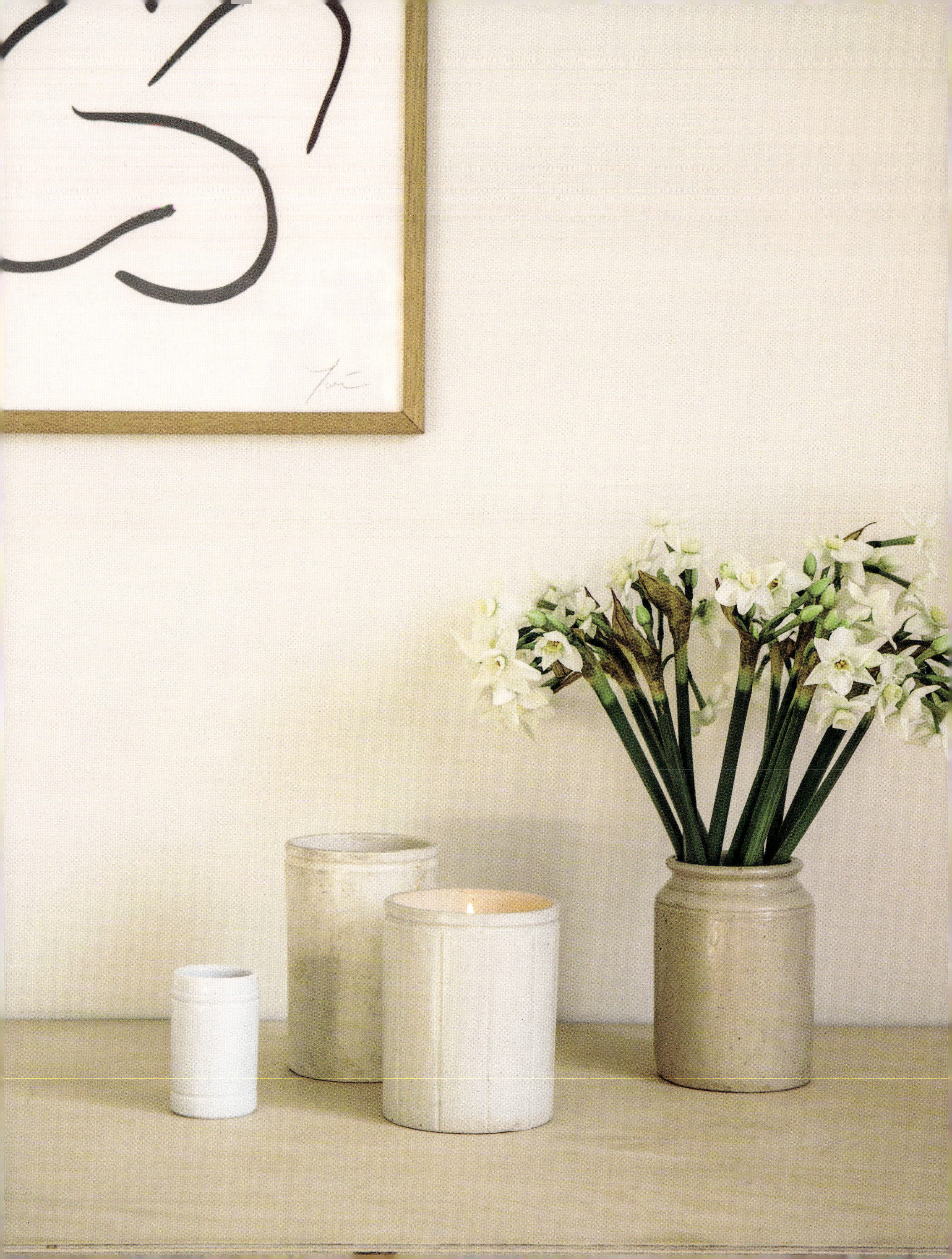

# FRÜHLING

Denken Sie an die Gefühle, die der Frühling in Ihnen hervorruft. Das könnte zum Beispiel ein Neuanfang sein, das Erwachen der Natur, der Duft von Frische oder etwas, was der Frühling für Sie persönlich bedeutet. Sobald Sie diese Grundlage erarbeitet haben, greifen Sie auf das Duftrad von Seite 62 zurück, um ansprechende Kombinationen zu finden.

Geeignet sind etwa Zitrusfrüchte sowie frische und blumige Noten – denken Sie an geschnittenes Gras, zarte Blüten oder Düfte, die ein Gefühl von Reinlichkeit vermitteln. Auch Meeresduft ist geeignet.

## SOMMER

Sofort denken wir an Sonne, Strand und Meer, saftige Früchte, süßes Eis und Hitze – doch was bedeutet der Sommer für Sie? In den Sommermonaten benutzen wir Kerzen meist nur in den späten Abendstunden, wenn wir etwas länger gemeinsam draußen sitzen. Ziehen Sie schwere, naturnahe Düfte für einen intensiven Duft in Betracht. Nehmen Sie ein großes Gefäß und testen Sie mehrere Dochte, damit später die fertige Kerze die Luft auch ganz mit dem Duft erfüllen kann.

Probieren Sie fruchtige Noten wie Beeren, Mimosen oder Orangenblüten, berauschende Blüten wie Tuberose und orientalische Noten wie Sandelholz oder Oud.

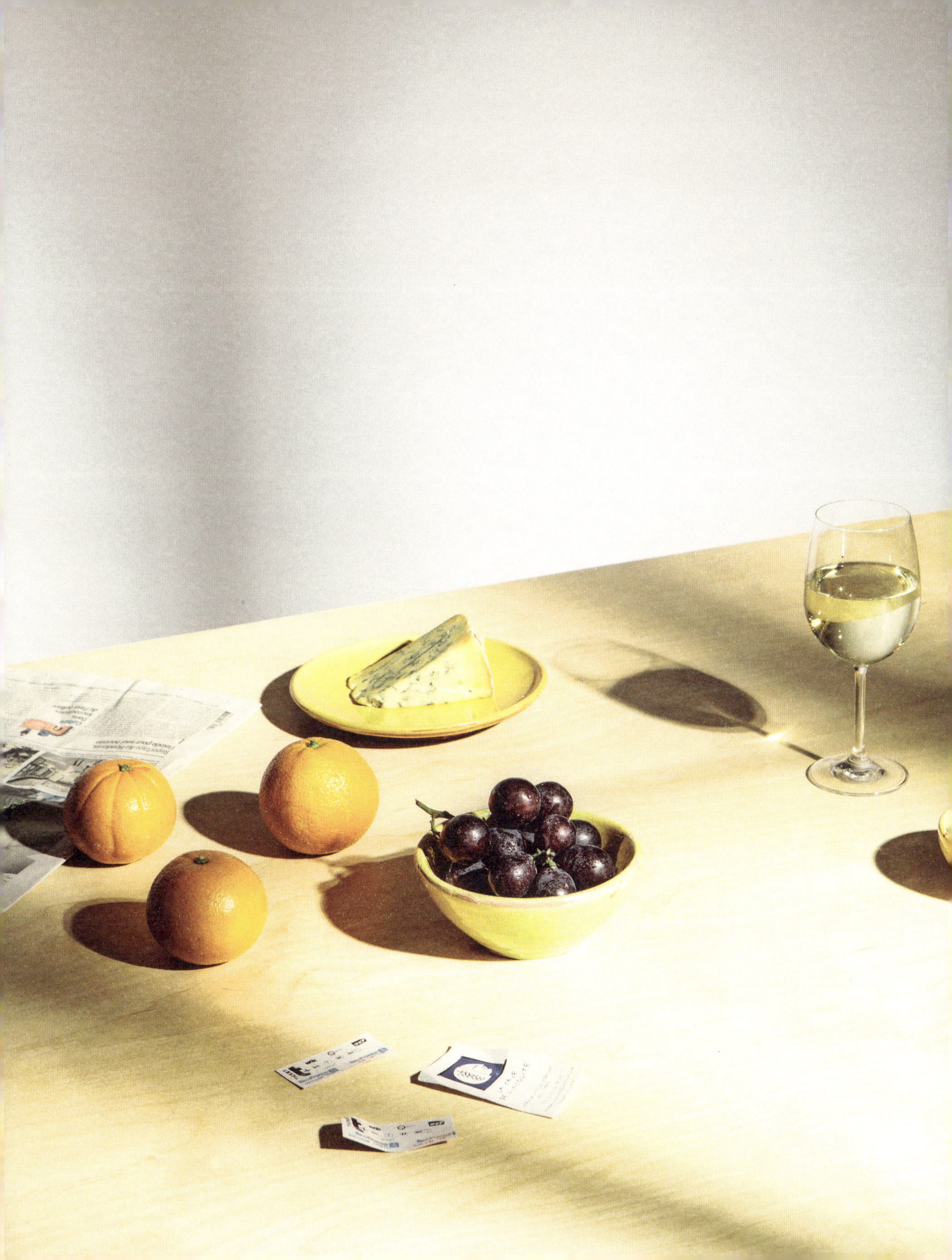

Tipp

*Wenn Sie Zitronella hinzufügen, halten Sie unliebsame Insekten fern. So können Sie draußen essen und bis in die Nacht hinein den Abend genießen.*

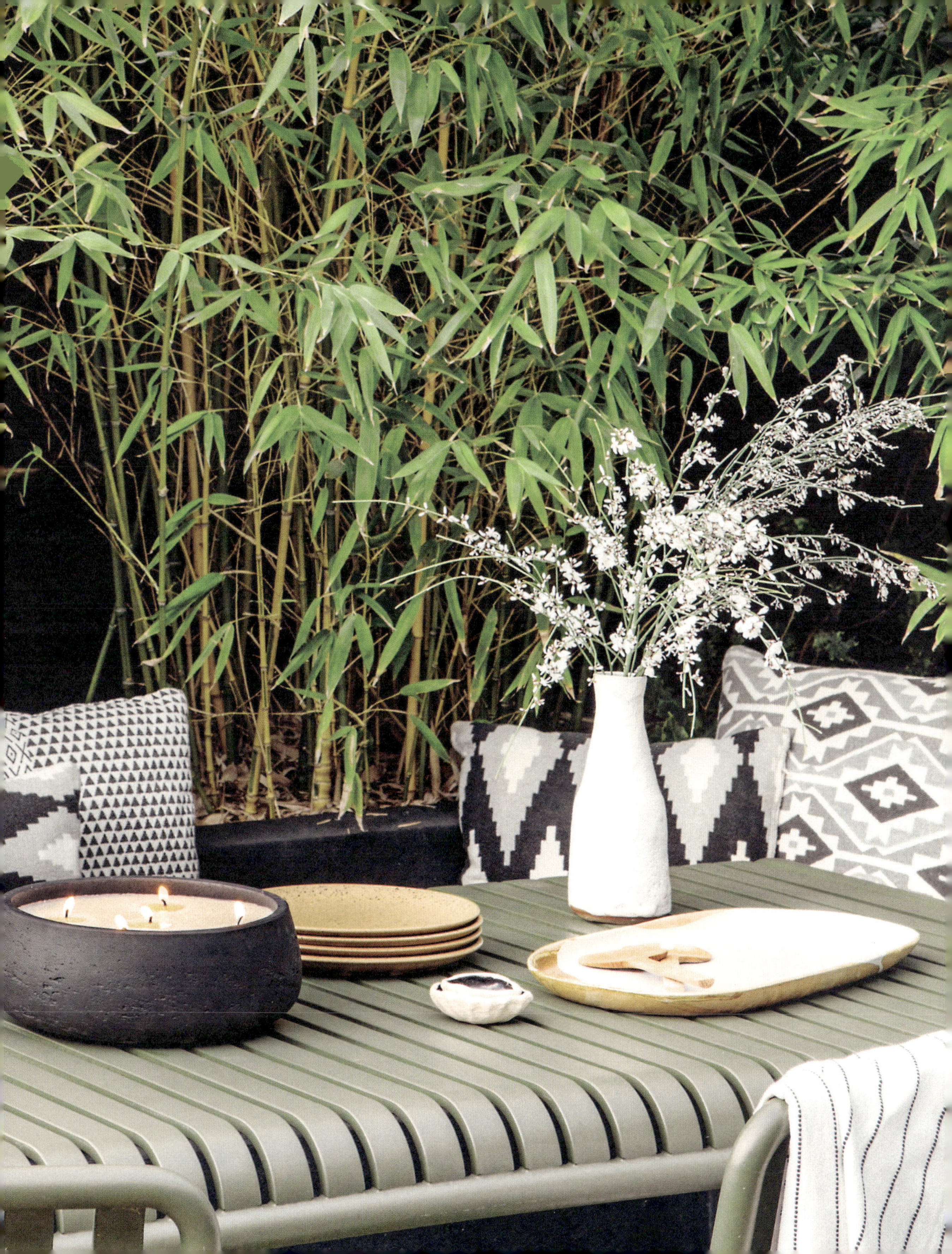

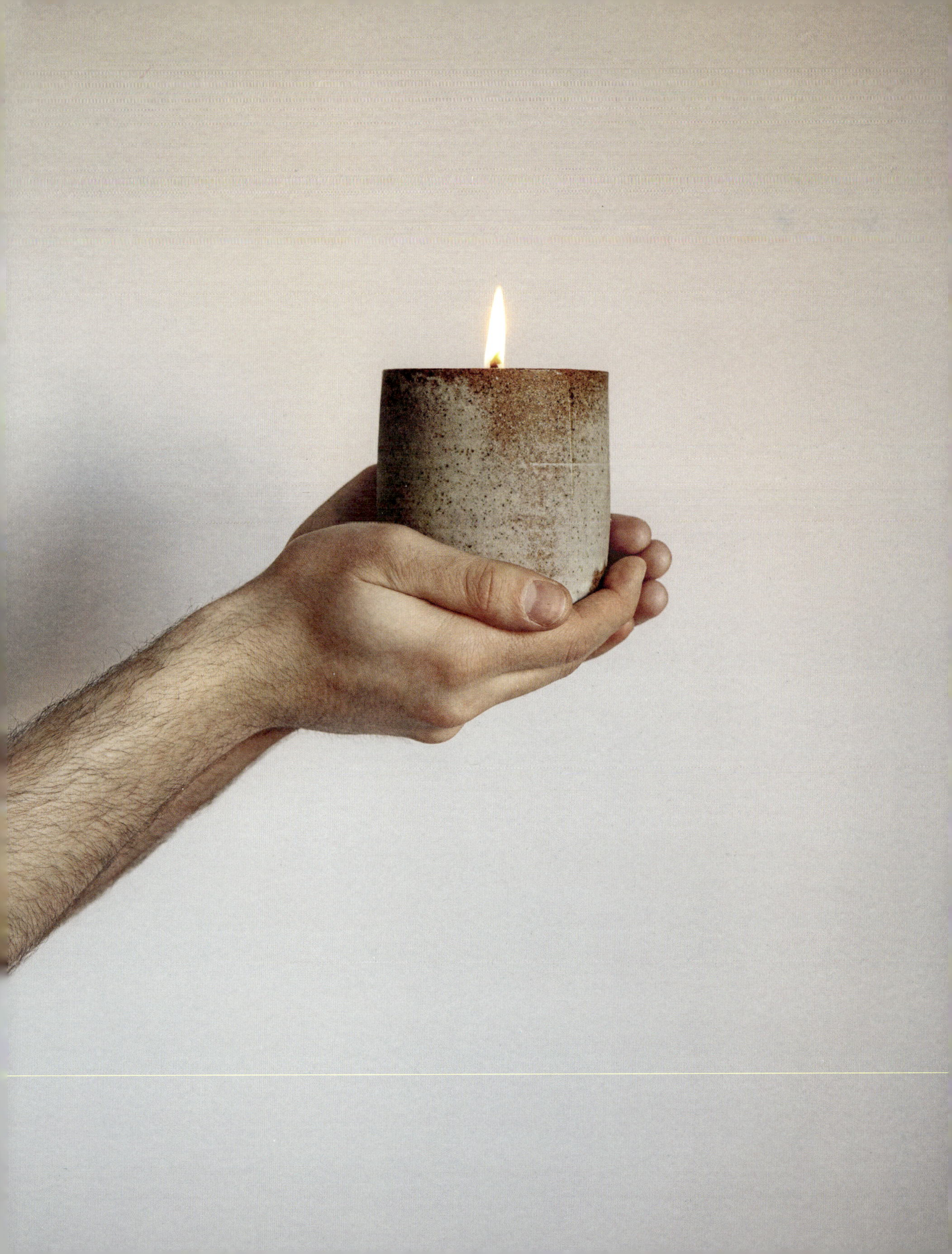

# HERBST

Diese Jahreszeit erinnert uns an Goldorangetöne, kalte Tage und warme, würzige Düfte. Berücksichtigen Sie hier Noten von Bratapfel, Kürbisgewürzen, Kaffee und Vanille. Wenn Ihnen der Sinn nicht so sehr nach Süßem steht, dann gehen Sie zu Hopfen, Hanf und einem Hauch von Bernstein über.

# WINTER

Auf Seite 118 haben wir Ihnen zwar schon Tipps und Tricks zur Herstellung von Weihnachtskerzen gegeben, doch der Winter hat noch viel mehr zu bieten. Hinsichtlich der Kerzenherstellung dreht sich alles um Gemütlichkeit.

Für einen weniger weihnachtlichen, aber dennoch winterlichen Raumduft probieren Sie eine Mischung aus Labdanum, Vetiver, Rosmarin, Holzrauch, Wacholder oder Bittermandel.

## Tipp

*Für diese Kerzen eignen sich auch Gefäße aus Metall, wie zum Beispiel Zinn. Auch Messing- und Kupfergefäße verleihen Ihrem Interieur immer einen Hauch von Luxus.*

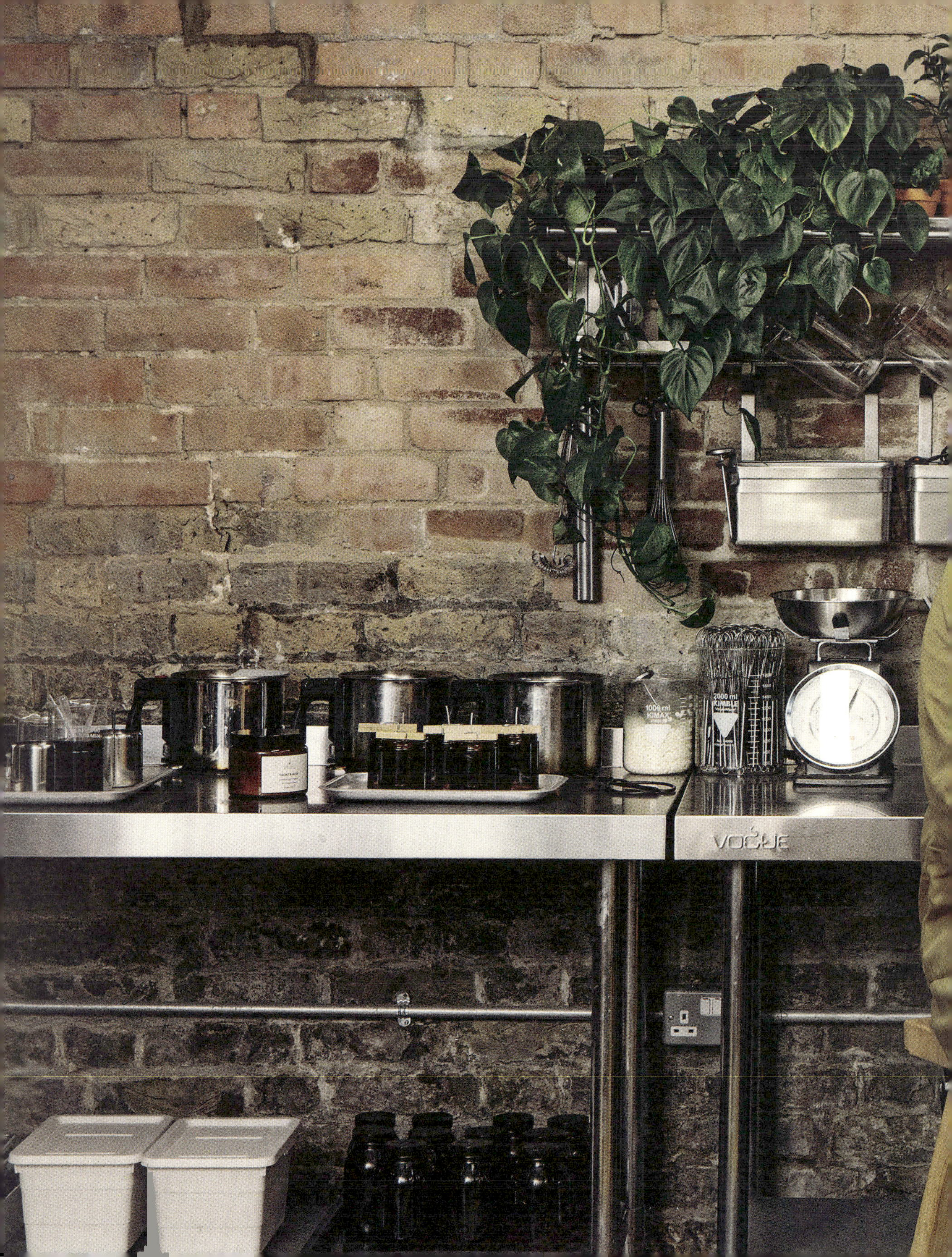
1000 ml
KIMAX
2000 ml
KIMBLE
VOGUE

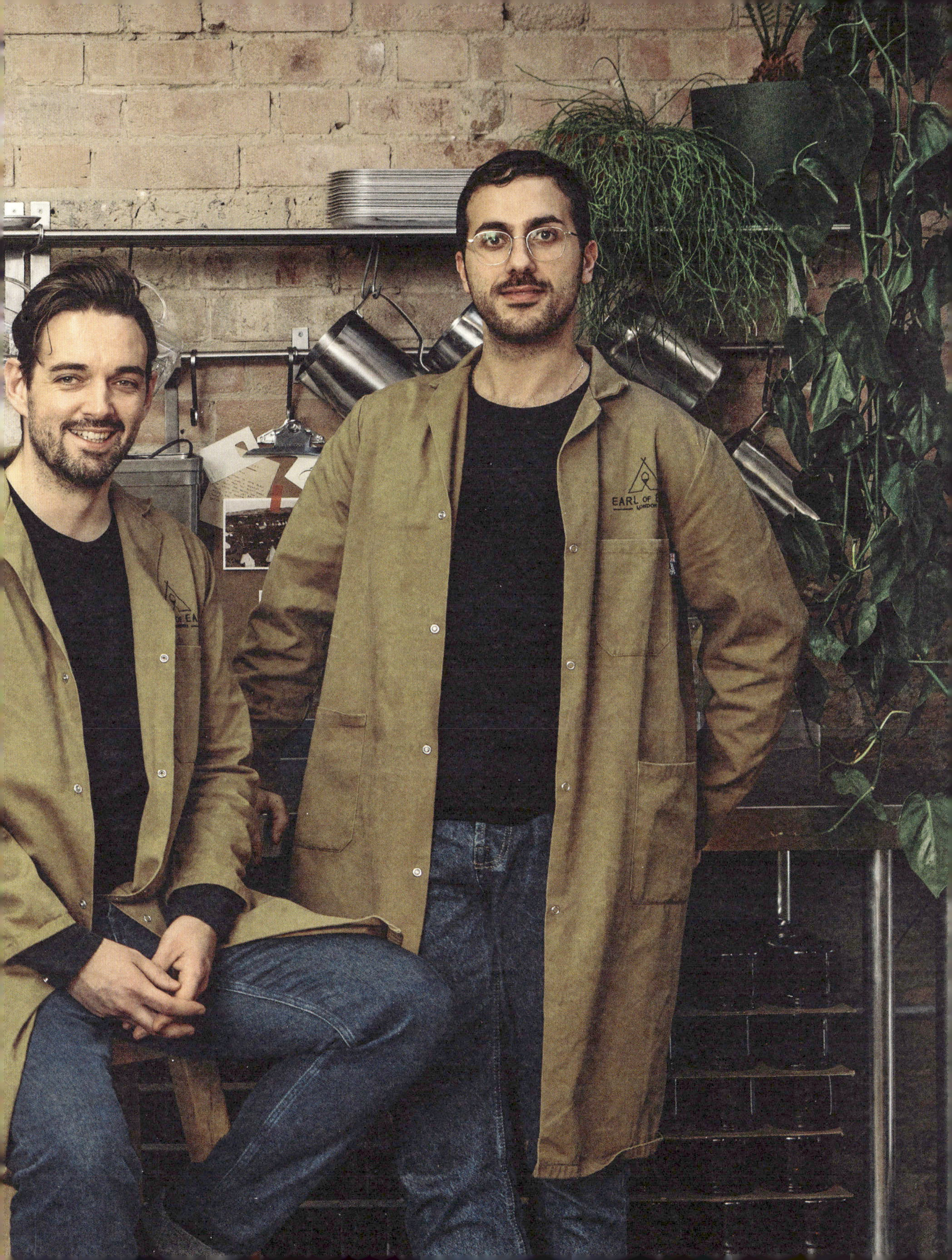
EARL OF

## SICHERHEIT BEIM UMGANG MIT KERZEN

Sicherheit ist beim Umgang mit Kerzen oberstes Gebot, doch leider wird das oft vernachlässigt. Wir empfehlen Ihnen, bei der Herstellung Ihrer Kerzen alle Bestandteile vom Wachs über die Dochte bis hin zu den Gefäßen in Ruhe zu kontrollieren.

Wenn Sie dies hinreichend getan haben, sollten Sie auch beim Abbrennen und Lagern Ihrer Kerzen immer aufmerksam sein.

Bevor Sie eine gebrauchte Kerze anzünden, kürzen Sie bereits abgebrannten Docht auf etwa 5 mm über dem Wachsstand. Sie können dafür eine spezielle Dochtschere benutzen oder den abgebrannten Docht einfach mit den Fingern abknipsen und ihn dann anzünden. Das bewirkt, dass die Flamme nicht übermäßig groß wird oder gar rußt. Außerdem rollt sich der Docht beim Abbrennen nicht zur Blüte ein. Bei Blütenbildung wird die Flamme größer und die Kerze brennt wesentlich schneller ab. Im schlimmsten Fall überhitzt dann sogar das Gefäß.

Achten Sie vor dem Anstecken darauf, dass im Wachs keine Dochtstückchen oder Streichholzreste liegen. Zünden Sie die Kerze immer auf einer ebenen, hitzebeständigen Oberfläche an und vergewissern Sie sich, dass sich keine leicht entzündlichen Gegenstände wie Pflanzen, Gardinen und Vorhänge, Bücher oder Zeitschriften in der Nähe befinden. Wenn Sie unsicher sind, ob die Oberfläche hitzebeständig ist, legen Sie vorsichtshalber einen Untersetzer unter das Gefäß.

Beim ersten Anzünden lassen Sie Ihre Duftkerze so lange brennen, bis das Wachs bis zum Rand des Gefäßes geschmolzen ist. Das dauert üblicherweise etwa 30–60 Minuten. Wenn Sie dies tun, erhalten Sie einen gleichmäßigen Brennteller und vermeiden, dass die Kerze aushöhlt. Ansonsten würde sich die Lebensdauer Ihrer Kerze verkürzen.

Lassen Sie Kerzen niemals länger als 5 Stunden am Stück brennen, unabhängig von der Wachsart. Zu langes Brennen kann das Gefäß überhitzen und das Wachs verbrennt wesentlich schneller als üblich.

Nachdem Sie die Kerze gelöscht haben, lassen Sie sie stehen und bewegen Sie sie nicht. Benutzen Sie zum Löschen niemals Wasser!

### Tipp

*Stellen Sie Ihre Kerze zur Sicherheit in ein großes Glas oder Windlicht. Dadurch wird das Flackern der Kerze bei Luftzug vermieden. Um sich selbst ein dekoratives Windlicht zu bauen, nehmen Sie ein Glasgefäß oder eine durchsichtige Vase mit breiter Öffnung, füllen Sie 5–7,5 cm nicht brennbaren Dekorsand hinein und stellen Sie die Kerze auf den Sand.*

Das kann dazu führen, dass das Wachs umherspitzt und das Gefäß platzt. Löschen Sie die Kerze, wenn Sie rußt, flackert oder die Flamme zu hoch wird. Sollte das geschehen, brennt die Kerze nicht ordnungsgemäß ab. Lassen Sie sie abkühlen, kürzen Sie den Docht und vergewissern Sie sich vor dem erneuten Anzünden, dass keine Zugluft vorhanden ist.

Wenn die Kerze auf einen Zentimeter abgebrannt ist, sollten Sie sie nicht mehr benutzen, weil das Ende des Dochts erreicht ist. Wenn die Flamme bis zum Metallfuß des Dochts herunterbrennt, kann das Gefäß überhitzen.

Eine brennende Kerze sollte immer in Sichtweite stehen, fernab von Zugluft. Lassen Sie sie nie unbeaufsichtigt und bewahren Sie sie außerhalb der Reichweite von Kindern und Haustieren auf.

138  DUFTKERZEN

# BEZUGS-QUELLEN

Jeder hat seine eigene Vorstellung von Duft, deshalb ist es wichtig, dass Sie selbst die richtigen Hersteller für Ihre Kreation herausfinden. Hier sind einige Vorschläge von Lieferanten für Öle, Wachs und sonstige Utensilien.

Natürlich können Sie auch Kerzenwachsreste ohne Duft wiederverwerten. Bei industriell hergestellten Kerzen ist es dann jedoch schwierig, die Qualität zu beurteilen, wenn nicht gerade ein Herstellernachwachs vorliegt.

## ALLGEMEINES
## KERZENZUBEHÖR

*basteln-de.buttinette.com*
*exagon.ch*
*kerzenbastelshop.de*
*kerzenkiste.de*
*opitec.de*
*vbs-hobby.com*
*wirliebenkerzen.de*

Amazon
Etsy

## ÄTHERISCHE ÖLE

*Biomärkte*
*muji.eu*
*primaoele.de*
*primaveralife.com*
*pegam-aetherische-oele.com*
*oshadi.de*
*Drogeriemärkte*
*Bio-Supermärkte*

Tipp

*Viele Utensilien zum Kerzenmachen findet man auch bei Amazon, Etsy und in Bastelgeschäften.*

# GLOSSAR

**Basisnote** – Der schwerste Teil des Duftes, der in Kombination mit der Herznote das Hauptthema eines Duftes bildet. Basisnoten verleihen einem Duft Tiefe und sind meist lang anhaltend – denken Sie an Holz- und Moschusdüfte.

**Bläschen** – Manchmal bilden sich im flüssigen Wachs Luftbläschen, die sich am kälteren Rand des Gefäßes festsetzen. Da sich das Wachs beim Abkühlen zusammenzieht, werden die Bläschen größer. Diese Luftpolster beeinträchtigen die Qualität oder den Duft der Kerze nicht und verschwinden, wenn die Kerze angezündet ist.

**Botanische Kerzen** – Kerzen, die mit Pflanzenteilen wie Blättern, Blütenblättern oder Zweigen, die am Rand befestigt werden, dekoriert sind.

**Brennteller** – Dies ist der Bereich, in dem sich das Wachs verflüssigt. Er wird auch als Brennschüssel oder Pool bezeichnet. Im Idealfall schmilzt das Wachs bei Gefäßkerzen bis zum Rand, sodass eine saubere Verbrennung erreicht wird.

**Dochtblüte** – Das bezeichnet die spezielle Ausformung des Dochtes, wenn er nach dem Brennen ausfranst, sich kringelt oder pilzförmig ist. Das tritt auf, wenn der Docht zu groß für das Gefäß ist, sodass er mehr Wachs aufnimmt, als er verbrennen kann. Auf dem Docht baut sich dann eine Kohlenstoffoberfläche auf. Wenn dies bei Ihren Dochttests auftritt, sollten Sie einen erneuten Test durchführen, um einen geeigneteren Docht zu finden.

**Duftöl** – Ein Öl aus gemischten synthetischen Verbindungen oder natürlichen ätherischen Ölen, die mit einem Trägeröl, wie Pflanzen- oder Mineralöl oder Propylenglykol, verdünnt sind.

**Ertränken der Flamme** – Dies tritt auf, wenn der Docht zu dünn für den Durchmesser des Gefäßes beziehungsweise die Wachsmenge ist. Ein zu schwacher Docht kann die Wachsmenge nicht mehr abbrennen, sodass sich das flüssige Wachs ansammelt und den Docht ertränkt.

**Herznote** – Die Mittelnote des Duftes. Diese Düfte dienen dazu, die Basisnoten abzurunden oder weicher zu machen und treten nach dem Verblassen der Kopfnote in Erscheinung. Florale Noten wie Rose oder Tuberose sind oft Herznoten.

**Kopfnote** – Das ist der erste Eindruck eines Duftes. Man nimmt sie wahr, wenn die Kerze noch nicht entzündet und kalt ist. Kopfnoten sind die leichtesten Noten in einer Duftkreation und verflüchtigen sich schnell. Typischerweise werden gern Zitrusnoten dafür eingesetzt.

**Kristallisation** – Das ist die natürliche Kristallisation von Pflanzenwachs, wenn es aushärtet und in seinen natürlichen, festen Zustand zurückkehrt. Dabei entsteht ein Belag an den Außenseiten der Kerze.

**Öl-Wachs-Verhältnis** – Der Prozentsatz Ihrer Ölmischung im Verhältnis zum Gesamtvolumen des Wachses. Das Verhältnis sollte in der Regel zwischen 6–12 Prozent liegen.

**Schmelzpunkt** – Die niedrigste Temperatur, bei der ein Duftöl brennbar wird und verdampft. Im Allgemeinen sind auch Duftstoffe mit niedrigem Flammpunkt, die mit Kerzenwachsen vermischt werden, sicher in der Anwendung. Es wird jedoch empfohlen, Wachse mit hohem Schmelzpunkt zu verwenden.

# BIBLIOGRAFIE

[1] https://core.ac.uk/download/pdf/13235969.pdf

[2] https://archive.org/stream/in.ernet.dli.2015.502932/2015.502932.A-History_djvu.txt

[2.1] http://ezinearticles.com/?The-History-of-Scented-Candles&id=6352559

[3] https://iakal.wordpress.com/2016/01/02/alexander-the-great-and-the-silk-roads/

[4] Stewart, Susan. *Cosmetics & Perfumes in the Roman World*. Tempus, 2007, pp. 9–13.

[5] https://pdxscholar.library.pdx.edu/cgi/viewcontent.cgi?referer=&httpsredir=1&article=2015&context=open_access_etds

[6] al-Hassan, Ahmad Y., *Science and Technology in Islam: Technology and applied sciences*. UNESCO, 2001. pp. 65–69.

[7] al-Hassan, Ahmad Y. „Alcohol and the Distillation of Wine in Arabic Sources". History of Science and Technology in Islam. Archived from the original on 29 December 2015. Retrieved 19 April 2014.

[8] https://perfumesociety.org/history/perfume-crusaders-and-the-renaissance/

[9] https://www.millhousecandles.com/history.php

[10] https://perfumesociety.org/history/louis-xiv-the-sweetest-smelling-king-of-all/

[11] Golan, Tal. *Laws of Men and Laws of Nature: The History of Scientific Expert Testimony in England and America*. Harvard University Press, 2004. pp. 89–91.

[12] https://guerlainperfumes.blogspot.com/p/history.html

[12.1] https://www.pbs.org/wgbh/nova/article/dogs-sense-of-smell/

[13] https://sciencing.com/human-nose-works-5477127.html

[14] https://www.sciencedirect.com/topics/neuroscience/olfactory-receptor

[15] https://www.pbs.org/wgbh/nova/article/dogs-sense-of-smell/

[16] Arshamian A, Iannilli E, Gerber JC, Willander J, Persson J, Seo H-S, Hummel T, & Larsson M. „The functional neuroanatomy of odor evoked autobiographical memories cued by odors and words." *Neuropsychologia 51* (2013), pp. 123–131.

[16.1] Herz RS, Eliassen J, Beland S, & Souza T. „Neuroimaging evidence for the emotional potency of odor-evoked memory." *Neuropsychologia 42* (2004), pp. 371–378.

[17] „Fragrances are Not Just Pleasant Odor", Environmental Health Coalition of Western Massachusetts leaflet.

[18] https://www.chagrinvalleysoapandsalve.com/blog/posts/why-are-synthetic-fragrance-oils-so-popular/

[18.1] https://www.naturesgardencandles.com/blog/what-are-fragrance-oils-made-of/

[19] Burr, Chandler. „Synthetic No.5" *The New York Times*. August 27, 2006. (August 30, 2012), Environmental Working Group. „Not So Sexy: Hidden Chemicals in Perfume and Cologne." May 2010. (August 30, 2012) http://www.ewg.org/notsosexy, Turin, Luca and Sanchez, Tania. *Perfumes: The Guide*. Viking Publishing, 2008.

[20] http://enacademic.com/dic.nsf/enwiki/14644

[21] Rezaei, Karamatollah, Tong Wang, Lawrence A. Johnson. „Hydrogenated vegetable oils as candle wax". *Journal of the American Oil Chemists' Society*. Volume 79, Issue 12, December 2002, pp. 1241–1247

[22] http://candles.org/elements-of-a-candle/wicks/

# DANKSAGUNG

Wo sollen wir beginnen? Diese Reise hat alles übertroffen, was wir uns jemals vorgestellt hatten. Als wir unseren ersten Marktstand aufbauten, wussten wir nicht, wohin us unser Weg führen würde. Seit 2014 haben wir viele neue Freunde gefunden, jeden Tag Neues gelernt und uns in die Welt des Duftes, der Kerzenherstellung und auch der Geschäfte verliebt.

Ein großes Dankeschön an alle Kunden, die in den vergangenen fünf Jahren unsere Waren gekauft oder an einem unserer Workshops teilgenommen haben. Ihre ermutigenden Worte haben uns unterstützt. Wir fragen uns oft, was passiert wäre, wenn Adam Reed nicht am ersten Tag an unserem Stand auf dem Netil Market vorbeigekommen wäre. Du hast uns das Vertrauen geschenkt, weiterzumachen und bist ein echter Freund und Mentor geworden. An alle unsere Händler, Partner und unsere Community – vielen Dank für die Unterstützung; wir wissen, dass Sie unsere Geschichte mit anderen teilen und das bedeutet für uns die Welt.

Unsere Familien haben uns beigebracht, dass sich Beharrlichkeit und Engagement am Ende auszahlen und wir danken euch für das Vermitteln von Arbeitsmoral und Erdung. Wir lieben euch alle sehr. Wir wissen, dass wir unsere Freunde nicht so oft sehen, und der Besuch in unserem Studio macht nicht immer so viel Spaß wie ein privater Besuch, aber danke, dass ihr trotzdem gern kommt. Wir wissen, dass wir immer auf euch zählen können und ihr uns dabei unterstützt, unseren Traum zu leben. An unsere LA-Crew: Euer grenzenloser Ehrgeiz und euer großartiges Talent haben uns inspiriert, uns weiterzuentwickeln.

Einen Riesenapplaus an das wunderbare #TeamEarl! Danke, dass ihr auf dieser Reise dabei seid, dass ihr offen, ehrlich und ganz einfach toll seid! Wir freuen uns, dass Megan von Anfang an dabei war, ihr haben wir es zu verdanken, dass wir gelegentlich einen „freien Tag" haben. Sie hat uns sehr geholfen, unseren Traum zu verwirklichen. An Oscar, den besten Frenchie der Welt. Wir wissen, dass du derjenige bist, der eigentlich das Studio und den Laden leitet, und dass viele unserer Stammgäste nur wegen dir kommen.

Der Netil Market ist mehr als ein Ort, er ist eine Gemeinschaft. Wir lieben alle Menschen, mit denen wir dort angefangen haben, und es wird für immer ein besonderer Ort bleiben.

Ein herzliches Dankeschön an alle bei Kyle Books und Octopus, aber besonders an Tara O'Sullivan und Isabel Gonzalez-Prendergast, die dieses Buch ermöglicht haben. Ihr habt uns eine Plattform gegeben, unsere Leidenschaft mit anderen zu teilen und an uns geglaubt, seit ihr uns in einem unserer Workshops entdeckt habt. Dieses Buch zu schreiben war ein Traum, der wahr wurde, und die Zusammenarbeit mit euch war ein absolutes Vergnügen. An Anna & Tam, vielen Dank, dass ihr unsere Vision in die Tat umgesetzt habt, wir lieben eure Arbeit. An Abi, danke für deine Layoutarbeit an diesem Buch, wir sind überglücklich mit dem Ergebnis.

Ein besonderes Dankeschön an Sarah Bates. Sie hat unsere erste Stand-Anmeldung angenommen und uns ermutigt, einen Container in einen Laden zu verwandeln. Sie ist seit Langem eine unserer besten Kerzenkunden und steht uns für Fotoshootings und Beratungen jederzeit zur Verfügung. Aber viel wichtiger als das alles, du bist eine liebe Freundin geworden.